AF138055

Mein
Sprachbuch 2

Ausgabe Bayern

Andrea Klug, München

Ursula von Kuester, Herrsching

Theresia Pristl, Regensburg

Johanna Schmidt, Regensburg

Andrea Tonte, Gräfelfing

Michaela Walch, Traubing

Oldenbourg Schulbuchverlag, München

Redaktion:
Angela Ziegler-Heitbrock, Herrsching

Illustration:
Sigrid Leberer, Christa Unzner

Umschlagkonzept:
Mendell & Oberer, München

Umschlaggestaltung und Layoutkonzept:
Erasmi + Stein, München

Layout und technische Umsetzung:
Ines Schiffel, Berlin

Bildnachweis:
S. 41: Michaela Walch, Starnberg; S. 50 links v.o.n.u.: © mattomedia Werbeagentur – Shutterstock.com; © Potapov Alexander – Shutterstock.com; © Mkaempfer – Shutterstock.com; © Volodymyr Vasylkiv – Fotolia.com; © Anatolii Tsekhmister – iStockphoto.com; S. 55.u.r: © Verlag Friedrich Oetinger, Hamburg 2011; S. 64 links v.o.n.u.: © Eric Issele – Shutterstock.com; © Eric Isselee –iStockphoto.com; © Meike Felizitas Netzbandt – Fotolia.com; © Eric Isselee –Shutterstock.com; S. 64.o.r.: © jps – Shutterstock.com; S. 69: imago/imagebroker/ obermeier; S. 73: Andrea Klug, München; S. 81.o.: © sauletas – Shutterstock.com; S. 81.u.: © Gerald A. DeBoer – Shutterstock.com; S. 96.l.: © summersetretrievers – iStockphoto.com; S. 96.r.: © FotoFactory – iStockphoto.com; S. 97.l.: © Henrik Larsson – iStockphoto.com; S. 97.r.: © Detlev Habicht – Fotolia.com; S. 98: Michaela Walch, Starnberg; S. 103.o.r.: © Martin Fowler – Shutterstock.com; S. 103.M.r.: © Kefca – Shutterstock.com; S. 103.u.r.: © FCG – Shutterstock.com; S. 108: Illustrationen von Erhard Dietl aus: „Hundegeschichten vom Franz" © Friedrich Oetinger Verlag, Hamburg 1996; S. 113: Interfoto / A. Koch; S. 118: © Thorsten Schier – Shutterstock.com; S. 128: Michaela Walch, Starnberg.

Textrechte:
S. 42: Wastl Fanderl: Heiliger Nikolaus. In: Wastl Fanderl: Annamirl Zuckaschnürl. Albairisches Liederbuch. Ehrenwirth Verlag, München 1996, S. 80: Christbaumkugel: A. Klug, A. Tonte: OKV 187 – Wirkungsvoll mit Papier gestalten, ganz einfach falten, schneiden, kleben, 3./4. Schuljahr. S. 43: Ferdinand Denzel: Advent. In: Ferdinand Kopp, Alois Bauer (Hrsg.): Wir lesen, 2. Schuljahr. Ehrenwirth Verlag, München 1957. S. 81: Gabriele Willbrandt: Wissen wollen. In: Whiskas-Katzenkalender 1993. S. 99: Angela Ziegler: Schneckenglück (Originalbeitrag) S. 108: Christine Nöstlinger: Hundegeschichten vom Franz. Verlag Friedrich Oetinger, Hamburg 1996. S. 113: Johanna Schmidt, Renate Schmidt: Ran ans Meer! (Originalbeitrag).

Zu dem Unterrichtswerk
Mein Sprachbuch 2 gehören:

Mein Sprachbuch 2 – Schülerbuch
136 Seiten, vierfarbig   ISBN 978-3-7627-0508-6

Das bärenstarke Arbeitsheft 2
72 Seiten, vierfarbig   ISBN 978-3-7627-0509-3

Kennzeichnung der Anforderungsbereiche:

③ Wiedergeben (AB 1)

③ Zusammenhänge herstellen (AB 2)

③ Reflektieren und beurteilen (AB 3)

Die Wörterschulen beinhalten den gesamten Grundwortschatz 1/2. Wörter mit * passen zu der jeweiligen Rechtschreibstrategie und ergänzen den Arbeitswortschatz.

www.cornelsen.de

1. Auflage, 3. Druck 2023

Alle Drucke dieser Auflage sind inhaltlich unverändert und können im Unterricht nebeneinander verwendet werden.

© 2014 Oldenbourg Schulbuchverlag GmbH, München
© 2023 Cornelsen Verlag GmbH, Berlin

Das Werk und seine Teile sind urheberrechtlich geschützt.
Jede Nutzung in anderen als den gesetzlich zugelassenen Fällen bedarf
der vorherigen schriftlichen Einwilligung des Verlages.
Hinweis zu §§ 60 a, 60 b UrhG: Weder das Werk noch seine Teile dürfen ohne eine
solche Einwilligung an Schulen oder in Unterrichts- und Lehrmedien (§ 60 b Abs. 3 UrhG)
vervielfältigt, insbesondere kopiert oder eingescannt, verbreitet oder in ein Netzwerk eingestellt
oder sonst öffentlich zugänglich gemacht oder wiedergegeben werden. Dies gilt auch für Intranets von Schulen.

Druck: AZ Druck und Datentechnik GmbH, Kempten

PEFC-zertifiziert
Dieses Produkt
stammt aus
nachhaltig
bewirtschafteten
Wäldern und
kontrollierten Quellen
PEFC/04-31-2260   www.pefc.de

Rechtschreib-Trick:
Sil-ben spre-chen!

Ich spre-che
beim Schrei-ben
in Sil-ben mit
und hö-re die Lau-te
Schritt für Schritt.

Rechtschreib-Trick:
An Regeln denken!

Richtig schreiben
ist nicht schwer,
kleine Regeln
helfen sehr.

Rechtschreib-Trick:
Üben und merken!

Ich übe die Wörter
und merke sie mir,
besondere Stellen
sage ich dir.

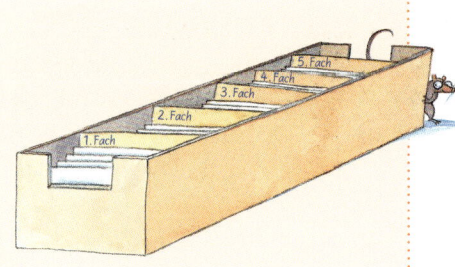

Richtig schreiben Schritt für Schritt

1. Rechtschreib-Trick: Sil-ben spre-chen!

Sprich beim Schreiben leise mit, damit du die
einzelnen Laute ganz genau hörst.

Sprich so: T, To, Tom, Toma, Tomat, Tomate
oder so: To - ma - te

Welche Sprechweise gefällt dir besser?

2. Rechtschreib-Trick: An Regeln denken!

Groß oder klein?
Nur Nomen und Satzanfänge schreibt man groß.
Nomentest: 🖐 ddd MZ ➜ Seite 124

Verwandte Wörter verraten, wie du schreiben musst.

Beispiel:

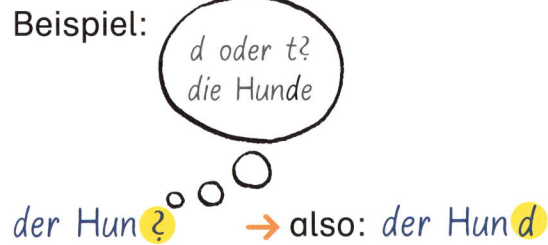

der Hun?   ➜ also: der Hund

3. Rechtschreib-Trick: Üben und merken!

Es gibt einige Wörter mit Besonderheiten.
Diese Wörter musst du oft üben und dir gut merken.

Sprich beim Schreiben zum Beispiel so:
Vater – mit Vogel-V.

4. Super-Trick: Die Wörterbox!

Auf manchen Seiten siehst du am Rand eine
Wörterschule. Suche dazu weitere passende Wörter
aus einem Wörterbuch, einer Zeitung, einem Buch …
Schreibe alle Wörter auf Kärtchen und gib sie in die
Wörterbox. Die Seite 122 zeigt dir, wie du mit der
Wörterbox üben kannst.

Hallo!
Ich bin Bibu.
Kommt mit!
Ich begleite euch
durch das Sprachbuch.

Zeichenerklärung:

✏ Schreibe ins Heft.

(3) Die Zahl verrät dir die Anzahl
der richtigen Lösungen.

ICH ▸ Denke zuerst alleine nach.

DU + ICH ▸ Wie macht es dein Nachbarkind?
Warum? Sprecht darüber.

WIR ▸ Stellt eure Ergebnisse
in der Klasse vor.
Was meinen die anderen?
Entscheidet gemeinsam.

A H nennt die passende Seite
im Arbeitsheft.

Das Bibu-Lied   Melodie: Ein Männlein steht im Walde

Erfinde eine weitere Strophe zum Bibu-Lied.

Hal - lo, ich bin der Bi - bu und seh dir zu. Geh

je - den Tag zur Schu - le! Sehr schnell lernst du.

In der Schu - le hast du Spaß: Le - sen, Schrei - ben, das ist was. Hal -

lo, ich bin der Bi - bu und seh dir zu.

Wörterschule

Blume

Blüte

Dose

haben

Hose

Oma

Opa

So sprichst du die Wörter in Silben.

Nomen und Sil-ben

1 **Nomentest:**
Was ich anfassen und malen kann,
fängt mit einem Großbuchstaben an.

Ordne und schreibe richtig.

Nomen (14): Oma, …
keine Nomen (13): holen, …

oma, holen, blume, blüte, dose, haben, hose, opa,
tante, papa, und, darin, mit, mama, ist, bei, baum,
was, aber, im, rose, aus, auto, zaun, buch, am, über

2 Ru-fe die-se Wör-ter. So hörst du die **Sil-ben**.
Schrei-be und ma-le so: *O ma*

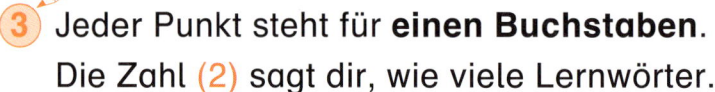

O ma	Blu me	Ho se	ha ben	Blü te
O pa	Blu se	Do se	Ra ben	Tü te

3 Jeder Punkt steht für **einen Buchstaben**.
Die Zahl (2) sagt dir, wie viele Lernwörter.

· ·· (2)   ··· ·· (2)   ·· ·· (2)   ·· ··· (1)

4 Sprich die Wörter. Welche **Laute** kannst du einfügen?
Es gibt mehrere Möglichkeiten.

O ▢ a, ▢ ase, Blu ▢ e, h ▢ ben, ▢ ose, H ▢ se

Schreibe so: Oma, Opa, …

5 Schreibe den Text ab. Unterstreiche die Nomen (9).

Lena

Lena hat eine Hose mit Blumen an.
Die Blüten sind rosa.
Oma und Opa haben für Lena eine Dose.
Was ist darin?

Rechtschreib-Trick:
Sil-ben spre-chen!

Ich spre-che
beim Schrei-ben
in Sil-ben mit
und hö-re die Lau-te
Schritt für Schritt.

Besondere Laute: ch, sch

1 In jeder Zeile fehlt jeweils der gleiche Laut.
Wie viele Buchstaben schreibst du dafür?
Die Wörterschule hilft dir.

Bu◻◻   ho◻◻   su◻◻en   ma◻◻en
Ta◻◻e   ◻◻ere   ◻◻ule   Ti◻◻

2 Schreibe dazu die Wörter aus der Wörterschule.

_ _ _ _ (2)   _ _ _ _ _ (1)   _ _ _ _ _ (3)   _ _ _ _ _ _ (2)

3 Was für Wörter aus der Wörterschule können das sein?

3 Laute, aber 4 Buchstaben   Wörter mit …
3 Laute, aber 5 Buchstaben   Wörter mit …

Findet weitere Wörter, die dazu passen.
Sprecht darüber.

4 Merk dir bloß: Nomen schreibt man groß.

Nomentest: ✋   Ordne und schreibe richtig.

Nomen (13): Buch, …   keine Nomen (17): machen, …

buch, machen, schere, schule, suchen, tasche, tisch,
dach, hoch, waschen, bach, flasche, fischen, lachen,
frisch, schaf, schlafen, naschen, busch, und, fenster,
tun, der, kaufen, die, stift, tafel, lesen, neu, sauber

5 Fehler (7)! Erkläre, wie du sie finden kannst.
Schreibe den Text richtig auf.

In der schule

sascha sucht seine schere.
Ist sie in der tasche?
Ist sie unter dem tisch?
Er holt ein buch hoch und macht es auf.
Ach! Da ist die schere.

Wörterschule

Buch
hoch
machen
Schere
Schule
suchen
Tasche
Tisch

Nomentest: ✋

Was ich anfassen und malen kann,
fängt mit einem Großbuchstaben an.

Wörterschule

Ei
Eis
fein
klein
leise
scheinen
Seife
zwei

Ich höre ai und schreibe ei.

Ein **Zwielaut** ist aus **zwei Buchstaben** gebaut: **ei**.

Wörter mit Ei/ei

1 Welcher Laut fehlt jeweils? __s   S__fe
Wie klingt er? Wie schreibst du?

2 **Ei/ei** ist ein **Zwielaut**.
Erkläre den Namen. Kennst du noch andere Zwielaute?

3 Schreibe die passenden Lernwörter.

‿ ‿ (1)   ‿ ‿ ‿ (1)   ‿ ‿ ‿ ‿ (2)

‿ ‿ ‿ ‿ ‿ (1)   ‿ ‿ ‿ ‿ ‿ (2)   ‿ ‿ ‿ ‿ ‿ ‿ ‿ ‿ (1)

4 Reime! Achte dabei auf die Wortenden.

Ei	s**ein**	**Eis**	**leise**
zw**ei**	kl___	R___	R___
dr___	f___	Kr___	Am___
sch**einen**	**Seife**	**ein**	r**eisen**
w___	Pf___	m___	umkr___

5 Gestalte in deinem Heft eine schöne Seite zu **Ei/ei**.
Klebe passende Bilder ein, sammle passende Wörter, Sätze. Fällt dir ein Ei-Gedicht ein?

6 Schreibe den Text. Ergänze **Ei** (3) oder **ei** (14).

F◯nes ◯s

Ich habe fr◯
und ◯ns, zw◯, dr◯,
hole ich ein ◯ herb◯.
Mit der S◯fe kl◯n und f◯n
sch◯nt der Tisch nun r◯n zu s◯n.
Schon macht m◯ne Oma l◯s
nur für mich Bananen◯s.

AH Seite 6

Wörter mit Au/au

1 Welcher Laut fehlt? Wie nennen wir ihn? Schreibe.

B⬚m   bl⬚   sch⬚en   B⬚ch

⬚fgabe   br⬚n   ⬚ge   Fr⬚   ⬚to

2 Reime.

Bauch	**Baum**	**blau**	**schauen**	**aus**
R⬚	Sch⬚	gr⬚	b⬚	H⬚
H⬚	Tr⬚	Fr⬚	k⬚	M⬚

3 Schreibe einen Reim. Verwende viele Wörter mit **Au/au**.

4 **Nomentest:** Ordne und schreibe richtig.

Nomen (17): Bauch, …
keine Nomen (8): schauen, …

schauen, bauch, auge, auto, hinter, baum,
auf, haus, maus, frau, zaun, mauer, aus,
sau, faust, über, schaum, aus, gras, dach,
fenster, unter, busch, blumen, weiter

5 Schreibe den Text. Ergänze **Au** (2), **au** (18) oder **a** (8).

Die M⬚s

P⬚l m⬚cht H⬚s⬚fg⬚ben.
Er sch⬚t ⬚s dem Fenster.
Dort ⬚m B⬚m ist eine
br⬚ne M⬚s. Sie h⬚t
kleine ⬚gen und einen
runden B⬚ch. Die M⬚s
s⬚st unter d⬚s bl⬚e
⬚to von Fr⬚ B⬚er.
D⬚zu m⬚lt P⬚l in
sein H⬚s⬚fg⬚benheft.

Aufgabe
Auge
Auto
Bauch*
Baum
blau
braun
Frau
schauen*

Au/au ist
ein **Zwielaut**.

Richtig schreiben Zwielaut

Wörterschule

arbeiten

Birne

dürfen

Garten

lernen

schwarz

warten

Wort

Satzanfänge und Wörter mit r

1 Sprich die Wörter vom Rand und lass **r** dabei rollen.

arrrrrbeiten, Birrrrrne …

2 Schreibe die passenden Wörter aus der Wörterschule.

_ _ r _ _ (1)   _ _ r _ _ _ (4)   _ r _ _ _ _ _ _ (1)

_ _ _ _ _ r _ (1)   _ _ r _ (1)

3 Sprich die Wortpaare. In welchen Wörtern hörst du **r** deutlicher? Erkläre.

Arm – Arme   schwarz – schwarze   Wort – Wörter

warm – warme   hart – harte   gern – gerne

Schreibe und markiere so: A **r** m – A **r** me, …

4 Ergänze richtig.

waten, warten: Wir ☐ auf die Pause. Wir ☐ im Bach.

lehne, lerne: Ich ☐ in der Schule. Ich ☐ mich an die Tür.

Biene, Birne: Die ☐ ist grün. Die ☐ summt.

5 Schreibe den Text richtig auf. Markiere die Punkte am Satzende gelb. Berichtige die Satzanfänge (4).

Im Garten

Opa arbeitet im Garten. ich warte und lerne. danach darf ich Birnen vom Baum holen. leider ist meine Hose nun schwarz. dazu sagen Oma und Opa aber kein Wort.

Auf die Plätze, fertig, los – Satzanfänge schreibt man **groß**!

10

AH Seite 8

Wortbaustein -er

1 Sprich die Lernwörter vom Rand zuerst schnell.
Wie klingt der Wortbaustein **-er**?
Sprich nun so, dass du **-er** deutlich hörst.
Schreibe die Wörter.

2 Verlängere mit dem Wortbaubaustein **-er**.

Bild, Kind, Licht, Ei, Gesicht, Kleid, Feld, Nest, Lied,
weit, breit, klein, fein, leicht, laut, bunt, grün, reich,
Fisch, Ring, Loch, Glas, Bau, Last, Technik

Schreibe und markiere so: Bild, Bild er , …

3 Wo passt der Wortbaustein **-er** dazu (12)?

Brud	Schwest	Tocht	Fed
Tant	Onk	Partn	Wint
Vat	Mutt	Om	Fenst
Mal	Lamp	Kat	Tasch
Has	Sof	Aug	Fing

Schreibe und markiere so: Brud er , …

4 DU + ICH Sammelt gemeinsam Wörter mit **-er** am
Ende. Vergleicht und sprecht über eure Wörter.
Wie und wo habt ihr sie gefunden?

5 Entdecke die Fehler (7) und schreibe richtig auf.

Partner

Wir warten auf den Winta.
Aber Brude und Schester
malen einen Birnbaum.
Über einem Nest ist eine Feda.
Der Junge zeichnet weite.
Hintea dem Zaun ist nun
ein Haus mit blauen Fenstean.

Wörterschule

aber
Bruder
Feder
Fenster
hinter
Partner
Schwester
über
weiter
Winter

Ich spreche den
Wortbaustein **-er**
am Wortende
besonders deutlich.

Richtig schreiben Wortbaustein: -er

Wörterschule

dunkel
finden
Gabel
malen
Nadel
Nebel
Onkel
Pinsel
Regen
Wurzel

Wortbausteine -el und -en

1 Sprich die Lernwörter zuerst schnell.
Wie klingen die Wortbausteine **-el** oder **-en**?
Sprich die Wörter nun in Silben. Was fällt dir auf?

2 Schreibe die passenden Wörter aus der Wörterschule.

_ _ _ e _ (6)   _ _ _ _ e _ (4)

3 Notiere zuerst, wie viele Wörter mit **-el** am Wortende
du suchen willst. Sammle und schreibe.
Wie viele sind es? Hast du richtig geschätzt?

4 Ergänze **-el** (9) oder **-en** (9):

Gab ☐ , Reg ☐ , dunk ☐ , wart ☐ , Gart ☐ , Onk ☐ ,
Apf ☐ , halt ☐ , such ☐ , Nad ☐ , mach ☐ , lern ☐ ,
Neb ☐ , Pins ☐ , Schauk ☐ , turn ☐ , schau ☐ , Wind ☐ .

Schreibe und markiere so: **-el:**   Gab|el| , …
                               -en: Reg|en| , …

5 Wortbausteine: Setze **-el** (10) oder **-en** (5) ein.

<u>Mein Onk ☐</u>

Der Gart ☐ ist dunk ☐ .
So ein Neb ☐ , fast schon Reg ☐ !
Mit meinem Onk ☐ suche ich ein ☐ Pins ☐ .
Hinter einer alt ☐ Wurz ☐ finde ich
nur eine Nad ☐ . Der Pins ☐ ist
bei den Gab ☐ n! Wir mal ☐ eine Amp ☐ .

Wenn ich in Sil-ben
spreche,
höre ich das **e** in **-el**
und **-en** besser.

A H Seite 10

1 Schrei-be je-des Wort in Sil-ben auf.

Blume, Tasche, scheinen, Aufgabe, Kalender, Partner,
Schwester, arbeiten, Wurzel, Onkel, Banane, Marmelade

2 Welche Wörter schreibst du groß? Schreibe richtig auf.

oma und opa wünschen sich bilder.
ich suche meinen schwarzen pinsel.
schade! er ist in der schule.

3 Achte auf die Zwielaute. Welches Wort passt nicht dazu?

Ei, Ameise, Seife, Blüte, Reis

4 Hier fehlt immer der gleiche Laut. Schreibe vollständig auf.

Bu‿, su‿en, Bau‿, ma‿en, ho‿

5 Immer nur ein Wort ist richtig geschrieben. Schreibe es.

a) fenster, Fenster, Fensta   b) Bruda, Buder, Bruder
c) Pinsl, Pinsäl, Pinsel   d) finden, findn, Finden

6 In welchen Wörtern fehlt der Buchstabe r?
Schreibe nur diese Wörter richtig auf.

dü‿fen, wa‿m, Ga‿ten, Ka‿ter, Hü‿te, schwa‿z

7 Setze die passenden Wörter ein. Schreibe die Sätze.

Mama holt aus dem Garten .

Meine Schwester findet eine kleine .

Die Blumen haben rosa 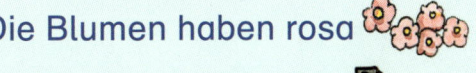.

Das Auto wartet an der .

8 Reime.

scheinen	klein	Eis	Bauch	Baum
w‿	f‿	R‿	R‿	Tr‿

Sei schlau, lies genau!

Wiederholen

① Überprüfen und üben

1 Schrei-be je-des Wort in Sil-ben auf.
Blu-me, Ta-sche, schei-nen, Auf-ga-be,
Ka-len-der, Part-ner, Schwes-ter, ar-bei-ten,
Wur-zel, On-kel, Ba-na-ne, Mar-me-la-de

2 Welche Wörter schreibst du groß? Schreibe richtig auf.
Oma und Opa wünschen sich Bilder.
Ich suche meinen schwarzen Pinsel.
Schade! Er ist in der Schule.

3 Achte auf die Zwielaute. Welches Wort passt nicht dazu?
Blüte

4 Hier fehlt immer der gleiche Laut. Schreibe vollständig auf.
Buch, suchen, Bauch, machen, hoch

5 Immer nur ein Wort ist richtig geschrieben. Schreibe es.
a) Fenster   b) Bruder   c) Pinsel   d) finden

6 In welchen Wörtern fehlt der Buchstabe r?
Schreibe nur diese Wörter richtig auf.
dürfen, warm, Garten, schwarz

7 Setze die passenden Wörter ein. Schreibe die Sätze.
Mama holt aus dem Garten Birnen.
Meine Schwester findet eine kleine Feder.
Die Blumen haben rosa Blüten.
Das Auto wartet an der Ampel.

8 Reime.

scheinen	klein	Eis	Bauch	Baum
weinen	fein	Reis	Rauch	Traum

Du glaubst, du musst noch üben? Die grünen → Seitenangaben sagen dir, wo.

Bist du mit deinem Ergebnis zufrieden?
Male zu deinen Aufgaben passend: ☺ ☺ ☹

☺ ☹ Wie willst du üben?
Sprich auch mit deiner Lehrerin, deinem Lehrer.

Nach den Ferien

Ich bin ich
und du bist du.
Wenn ich rede,
hörst du zu.
Wenn du sprichst,
dann bin ich still,
weil ich dich verstehen
will.

I. Brender

(1) Die Kinder erzählen zu Dingen, die sie mitgebracht haben. Es erklingt ein Ton, alle bilden einen Gesprächskreis. Auf welche Gesprächsregeln achtet das sprechende Kind, auf welche achtet das zuhörende Kind?

(2) Welche Beiträge passen zu einem guten Gespräch?

Lena, könntest du bitte lauter sprechen?

Du sprichst mir zu leise.

Was bedeutet das blöde Wort „Zelthering"?

Die ganze Zeit sprichst nur du.

Lena, was ist ein Zelthering?

Lena, dazu möchte ich etwas sagen.

Im Gespräch

- Ich spreche **deutlich!**
- Ich fasse mich **kurz!**
- Ich bleibe **beim Thema!**
- Ich **höre** gut **zu!**
- Ich **schaue** das sprechende Kind **an!**
- Ich lasse **andere ausreden!**
- Ich **frage nach!**

(3) Was hast du in den Ferien erlebt?
Erzähle im Gesprächskreis und zeige Mitgebrachtes. Einige Kinder sitzen außerhalb und beobachten einen der folgenden Punkte genau:
- Wer spricht laut und deutlich? Wer nicht so gut?
- Wer hört gut zu? Wer nicht so gut? …

Sprechen Gesprächsregeln

Artikel

1 Von welchen Wörtern werden die Nomen begleitet?

2 **Der**, **die** und **das** nennen wir **Artikel**.
Suche in der Wörterliste ab Seite 130
zu jedem Artikel sechs passende Nomen.

3 So erkennst du Nomen.
Nomentest: anfassen, der, die, das

Ordne und schreibe richtig.
Nomen (13): die Rose, ...
keine Nomen (12): schön, ...

rose, schön, tisch, lang, weiter, buch,
heft, stark, stift, groß, auf, tasche,
pinsel, bei, tafel, breit, regal, so, brot,
schwer, kiste, schule, tüte, und, hinter

4 Diese Nomen kannst du nicht anfassen.
Suche sie mit ddd. Ordne und schreibe richtig:
Nomen (13): die Zeit, ...
keine Nomen (12): klein, ...

zeit, klein, arbeit, nun, sport, stunde, ende, schön,
antwort, richtig, übung, groß, aufgabe, leicht, name,
kurz, tag, lang, woche, aus, bei, monat, und, jahr, neu

5 Verbinde Artikel und Nomen.

die große Wurzel, der grüne Baum, das gute Buch,
die richtige Antwort, die lange Aufgabe, der kurze
Name, der schöne Tag, das gute Ende, die kleine
Nadel, die schöne Zeit

Schreibe so: die große Wurzel, ...

6 Auch **ein**, **eine** nennen wir **Artikel**. Sprich die Wörter
aus Aufgabe 5 so: eine große Wurzel, ein grüner Baum,
ein gutes ... Erkläre den Unterschied.

Artikel begleiten
Nomen:
**der, die, das,
ein, eine.**

AH Seite 14

Juchhe, das ganze Abc!

A Be Ce De E eF Ge Ha I Jot Ka eL eM
eN O Pe Qu eR eS Te U Vau We iX Ypsilon Zet

1 Schreibe das Abc auf.

5 **Laute** haben keinen Begleitlaut. Sie heißen **Vokale**.

21 Laute klingen nur mit einem anderen Laut.

Wir nennen sie **Konsonanten**.

Markiere Vokale rosa und die Konsonanten hellblau.

2 Ersetze jeden markierten **Vokal** durch einen anderen.

Sch u le, N a del, L u ft, W i nd, H a se, B u ch, H u hn,
N e bel, E nkel, U hr, d a nken, H o cke, M o nd, B e rg

Schreibe so: Sch u le – Sch a le, ...

a e i o u
klingen
immerzu.

3 Ersetze jeden markierten **Konsonanten** durch einen anderen.

Blu s e, D ose, Mu t ter, E r de, Na b el, Sei d e, au s ,
m achen, Om a, war n en, übe n , Ta s te, Schu h e, im

Schreibe so: Blu s e – Blu m e, ...

4 Schreibe in Sil-ben. Markiere Vokale rosa.

Vater, dunkel, Garten, machen, Tasche, Kiste, Birne,
Winter, finden, Auge, Tochter, Wolke, Blüte, schreiben

Schreibe so: V a -t e r, P a rt- ...

5 Jede Silbe hat genau **einen** Silbenkern. Betrachte
deine Wörter aus Aufgabe 4 und erkläre, welche
Buchstaben den Silbenkern bilden können.

Abc

Das **Abc** hat
26 Buchstaben:
21 Konsonanten
und die **5 Vokale:**
a, e, i, o, u.

Wörterschule

da
Geist*
Ende
Wolke
Kiste
so
tun
Name
bei
auf

Abc? Schau auf Seite 17.

Im Wörterbuch
nach **Abc**
ich jedes Wort
geordnet seh.

Ordnen nach dem Abc

1 Welcher Buchstabe aus dem Abc fehlt?

a) A B C E F
b) G H I K L
c) M O P Q R
d) S T U V X Y Z

2 Schreibe das Alphabet untereinander auf.
Schreibe zu jedem Buchstaben ein Wort aus der
Wörterschule oder aus der Wörterliste ab Seite 130.

3 Welches Wort folgt in der Wörterliste ab Seite 130?
Was entdeckst du?

Ameise, Garten, Pinsel, fangen, Buch, lernen,
Wurzel, reisen, Dose, Eis, haben, Name, Katze, Zahn

Schreibe so: A**m**eise – a**n**tworten, …

4 Wörter mit gleichem Erstbuchstaben ordnet man
nach dem zweiten Buchstaben. Ordne richtig.

a) A**u**gust, A**p**fel, A**m**eise
b) Wurzel, Wind, Wolke

c) B**r**uder, b**l**au, B**i**rne
d) Geist, gut, Gabel

e) November, Name, Nebel
f) Kleid, krank, Kiste

g) tun, Tisch, Tomate
h) Ende, Erde, Ei

5 Ordne nach dem Abc.

a) da, Apfel, dort, Garten
b) bei, Zahn, Computer, zehn

c) Cent, Frau, Clown
d) Name, Fenster, finden

e) wo, Hai, Hexe, also
f) Kiste, ja, jeder, Mädchen

6 Achtung, Fehler (14)! Schreibe richtig auf.

Nomen

samuel und sara haben zu tun.
sie suchen in der wörterliste nomen.
die kinder schreiben die nomen mit dem artikel auf:
das ende, der geist, die kiste, der name, die wolke.

18

A H Seite 13

Wie heiße ich?

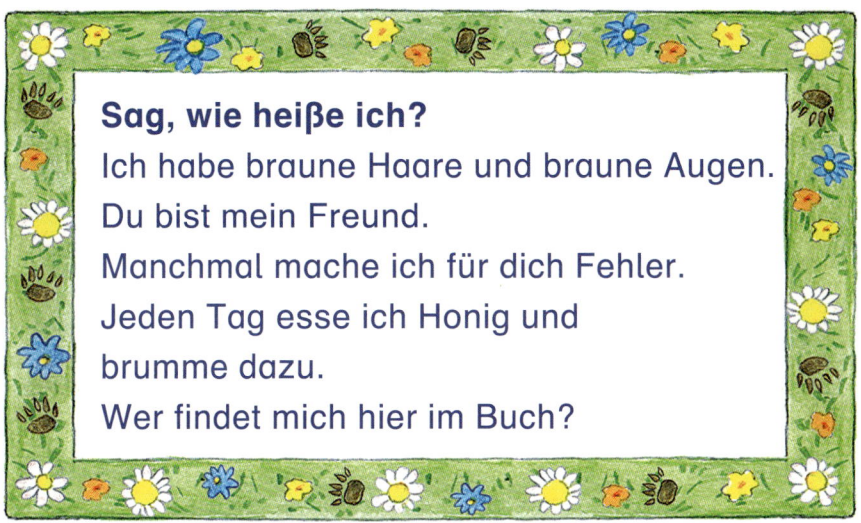

Sag, wie heiße ich?

Ich habe braune Haare und braune Augen.
Du bist mein Freund.
Manchmal mache ich für dich Fehler.
Jeden Tag esse ich Honig und
brumme dazu.
Wer findet mich hier im Buch?

1 Welches Rätsel findest
du spannender?
Warum?

2 Schreibe Sätze über dich
auf Streifen. Ordne sie
zu einem spannenden
Rätsel. Erst zum Schluss
soll man deinen Namen
erraten.

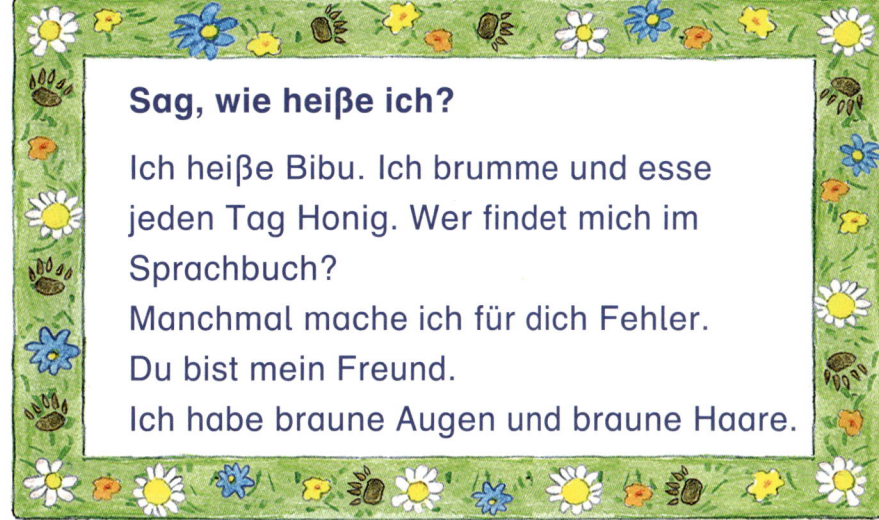

Sag, wie heiße ich?

Ich heiße Bibu. Ich brumme und esse
jeden Tag Honig. Wer findet mich im
Sprachbuch?
Manchmal mache ich für dich Fehler.
Du bist mein Freund.
Ich habe braune Augen und braune Haare.

In der Pause esse ich meist ☐.

Meine Freunde heißen: …

Ich bin ☐ und ☐.

Rätsel

Sag, wie heiße ich?

Mein Kuscheltier ist ☐.

Meine Schultasche ist ☐.

Ich habe ☐ Haare und ☐ Augen.

3 Jedes Kind schreibt sein Rätsel auf ein Blatt Papier.
Legt eure Rätsel und Fotos dazu aus.
Welches Foto gehört zu welchem Rätsel?

Unterwegs
zu guten
Rätseln!

Rätsel
Beschreibe genau.
Was die Lösung leicht
verraten kann,
steht am Schluss.

Schreiben Rätsel: Anordnung der Informationen

Überschrift?

1 Es war einmal ein kleines Mädchen. Es hatte
2 gar nichts mehr als die Kleider am Leib und ein
3 Stückchen Brot in der Hand.

4 Da begegnete ihm ein hungriger Mann. Der bat um
5 ein Stückchen Brot: „ " Das Mädchen reichte
6 ihm das Brot und ging weiter.

7 Dann kam ein Kind, das fror am Kopf. Es sprach: „  "
8 Nun tat das Mädchen seine Mütze ab und
9 gab sie ihm.

10 Als es noch eine Weile gegangen war, kam wieder
11 ein Kind. Es hatte kein Leibchen an und fragte: „  "
12 Schon gab ihm das Mädchen seins.

13 Noch weiter, da bat eins um ein Röcklein: „ 👄 "
14 Auch das gab das Mädchen von sich hin.

15 Als es so stand, hatte es nur noch sein Hemdlein an.
16 Es war Nacht geworden und sehr kalt. Auf einmal
17 fielen die Sterne vom Himmel. Es waren lauter harte,
18 glänzende Taler. Das Mädchen rief: „ 👄 "
19 Es sammelte alles ein und war reich für sein Lebtag.
20 Wenn es nicht gestorben ist, dann lebt es auch noch
21 heute.

nach den Gebrüdern Grimm

① Lies das Märchen. Wie heißt die **Überschrift**?

② Wie viele **Zeilen** hat das Märchen?
Wie viele **Absätze** gibt es? Woran erkennst du sie?

③ Was könnten die Personen sprechen?
Sprich so: 2. Absatz, Zeile 2:
„Ich habe schon lange nichts …"

④ Verteilt die Rollen. Ein Kind liest vor.
Bei jedem 👄 spricht ein anderes Kind.
Zeigt Gefühle auch mit der Stimme.

Ein **Absatz**
beginnt immer
mit einer neuen
Zeile.

→ Lesetipps findest du
auf S. 21.

Sprechen eine Rolle gestalten

Aussagesätze

Es waren einmal
ein König und eine Königin
Sie wollten ein Kind Leider
bekamen sie keines Eines Tages
kam ein Frosch Er versprach
der Königin eine Tochter Nach
einem Jahr gebar die Königin ein Mädchen Dies war so
schön wie eine Rose Voll Freude lud der König zu
einem großen Fest

1 Welches Satzzeichen fehlt immer in dem Text oben?

2 Jeder **Satz** ergibt einen Sinn.
Er **sagt** dir etwas über das Märchen. Wir nennen diese
Sätze **Aussagesätze**. Der Punkt beendet den Aussage-
satz. Schreibe den Text oben ab. Male nach jedem
Aussagesatz einen farbigen Punkt (8).

3 Alle hören gern zu, wenn du schön vorliest.
Wie gelingt dies? Wähle aus (4).

Wie heißt das Märchen?

Ich lese möglichst schnell vor, weil ich gut lesen kann.

Ich hole bei jedem Punkt Luft.

Ich mache keine Lesepausen, damit ich schnell fertig bin.

Ich lese so vor, dass alle gut mitdenken können.

Ich spreche immer gleich.

Ich verändere meine Stimme passend zum Inhalt.

Vor einem Punkt wird meine Stimme tiefer.

4 Lies das Märchen Dornröschen so vor,
dass es schön und märchenhaft klingt.

Nach einem
Aussagesatz
hat der **Punkt**
seinen Platz.

Wörter mit Eu/eu

Wörterschule

euer*
Euro
Freude*
freuen*
Freund
Freundin*
heute
Leute
neu

Wer kennt das Märchen: Die Eule nach den Gebrüdern Grimm?

1 Was haben die Wörter an den Eulen gemeinsam?

2 Welche Zwielaute kennst du noch? ➜ Seite 8, 9

3 **Nomentest:** 🖐 anfassen Artikel: der, die, das

Ordne und schreibe richtig.
Nomen 🖐 (12): Eule, …   keine Nomen (9): euer, …
eule, euer, euro, eure, treu, freude, neu, freuen,
leute, freund, freundin, heu, teuer, scheune, feuer,
beule, beutel, euch, deuten, heute, Zeugnis

4 Bilde Wörter. Markiere den Zwielaut gelb.

Freu	neun	Beu		ro	le	en	er
Leu	Freun			de	din	zig	
Eu	freu	Eu		le	te	te	len
heu	teu	heu					

5 Setze **Eu** (3), **eu** (7), **Ei** (1), **ei** (4) ein.

Liebe L⬚te,

so⬚ne Fr⬚de, ich habe ⬚ne n⬚e Fr⬚ndin!
Sie ist ⬚ne ⬚le und besucht mich h⬚te.
Wir kaufen für ⬚nen ⬚ro⬚s. Ich fr⬚e mich
schon. ⬚er Fr⬚nd Bibu

Ich höre oi und schreibe eu.

Eu/eu ist ein Zwielaut.

A H Seite 15, 16

Mein Lesetagebuch

1 Die Kinder lesen gern. Jedes gestaltet sein
Lesetagebuch. Wie unterscheiden sie sich?
Welches gefällt dir am besten? Warum?

2 Welches Buch hast du schon gelesen?
Schreibe dazu in dein Lesetagebuch.
Wie willst du es gestalten?

Unsere Märchen

Es war einmal …

Eines Tages …

Als …

Da …

Endlich …

Wenn … nicht gestorben …, dann … noch heute.

① Wozu passen diese Satzanfänge?

 Schlag auch nach auf den Seiten 20 bis 23.

② Lest Märchen und schreibt daraus Wörter und Sätze auf, die gut zu einem Märchen passen. Sammelt eure Märchenwörter auf einem Plakat.

③ Denke dir ein Märchen aus. Verwende passende Sätze und Wörter. Erzähle zuerst, dann schreibe auf.

 Textwanderung S. 128

④ Überarbeitet eure Märchen mit der Textwanderung:

Jedes Kind legt sein Märchen auf seinem Tisch aus. Daneben legt es ein leeres Blatt Papier. Nun wandern alle Kinder leise zu verschiedenen Märchen. Auf das leere Blatt schreibt jeder zum Beispiel so:

Bemerkungen	Name
Deine Punkte stimmen.	Samuel
Alle Nomen sind groß.	Pablo
Spannend und lebendig!	Emma
Nach fast jedem Punkt hast du großgeschrieben.	Luisa
Das habe ich nicht verstanden: …	Fabian

⑤ Lies die Bemerkungen der anderen Kinder. Überarbeite dein Märchen. Male dazu.

Wie werde ich Hausaufgabenprofi?

1 Lena braucht oft viel Zeit, um ihre Hausaufgaben zu erledigen. Betrachte das Bild genau. Woran kann das liegen? Ich vermute, …

2 Wie machst du deine Hausaufgaben?
- Wo erledigst du sie?
- Wann beginnst du damit?
- Wie lange brauchst du für die Hausaufgaben?

3 **ICH** Überlege alleine: Wann und wie machst du **am besten** deine Hausaufgaben? Was hilft dir dabei?

4 **DU + ICH** Wie macht dein Nachbarkind am besten seine Hausaufgaben? Tauscht eure Erfahrungen aus. Schreibt Tipps, die ihr wichtig findet, auf Kärtchen.

5 **WIR** Was steht auf den Kärtchen der anderen Kinder? Sprecht in der Klasse über die Tipps. Gestaltet dazu gemeinsam ein Plakat: So wird jeder zum Hausaufgabenprofi.

Dinge, die beim Lernen helfen

WÖRTERBUCH

STOPPSCHILD

UHR HEFT

STIFT

PAPIERKORB

PINNWAND

1 Nenne die Dinge beim Namen.

Ein Ding, in das du schreiben kannst.
Ein Ding, mit dem du schreiben kannst.
Ein Ding, in dem du nachschlagen kannst.
Ein Ding, in das du Papier werfen kannst.
Ein Ding, das anzeigt, dass du gerade lernst.
Ein Ding, an das du Merkzettel hängen kannst.
Ein Ding, das zeigt wie spät es ist.

2 Schreibe die Namen der Dinge aus Aufgabe 1 mit Artikel auf. Die Wörter am Rand helfen dir dabei. Schreibe und markiere so: das **H**eft, …

3 Du kennst schon zwei Nomentests: 🖐 ddd . Erkläre. Teste jedes Wort aus Aufgabe 2. Was stellst du fest?

4 Ergänze die Sätze mit passenden Nomen. Deine Wörterliste ab Seite 130 hilft dir.

Lena liest in ihrem  .

In ihrem  ist Tinte.

Lena schaut in ihr  .

Sie malt eine in das  .

5 Welche Dinge helfen euch beim Lernen? Schreibt die Artikel | der | die | das | auf Zettel und befestigt sie an Dingen in eurer Klasse.

Merk dir bloß:
Nomen schreibt man
groß.

Lernwege

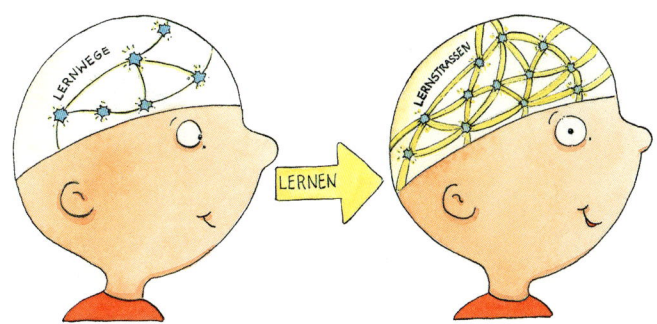

Ich erkenne …

Ich denke, …

Ich vermute, …

Ich meine, …

(1) Wie können aus schmalen Lernwegen breite Lernstraßen entstehen? Erkläre in ganzen Sätzen.

(2) Die Kinder lernen etwas über die Heckenrose. Wie entstehen die Lernstraßen in ihrem Kopf? Bilde Fragesätze (5). Welches Satzzeichen steht am Ende eines Fragesatzes?

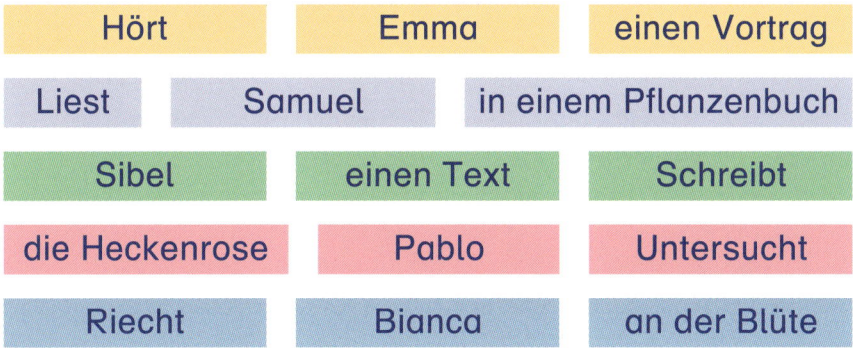

Hört	Emma	einen Vortrag
Liest	Samuel	in einem Pflanzenbuch
Sibel	einen Text	Schreibt
die Heckenrose	Pablo	Untersucht
Riecht	Bianca	an der Blüte

Nach einem **Fragesatz** steht ein **Fragezeichen**:

?

(3) Entdecke die Antworten (5). Wie schreibst du am Satzanfang? Was steht am Ende der Aussagesätze?

am besten lernt Emma mit den Ohren Samuel lernt besser mit den Augen das Mädchen Sibel möchte lieber schreiben mit den Händen kann Pablo alles begreifen die Nase ist für Bianca wichtig

(4) Vergleiche Frage- und Aussagesätze. Erkläre.

(5) Wie lernst du am besten?

- **ICH** Überlege zuerst alleine: schreiben, lesen, hören, anfassen …
- **DU + ICH** Frage dein Nachbarkind. Tauscht euch aus.
- **WIR** Wir lernen unterschiedlich. Stimmt das? Sprecht darüber in der Klasse.

Wie lernst du …?
Ich habe festgestellt, dass …

Sprache untersuchen · Fragesätze

27

Ich schreibe ein Rätsel über einen Bären.

Unser Sprachbuch

In der 2. Klasse könnt ihr ein eigenes Sprachbuch erstellen.

Das geht so:
Denke dir zum Beispiel zu Wörtern eine oder mehrere Aufgaben aus und schreibe diese auf ein Blatt Papier.

Klebe dein Blatt auf buntes Papier.

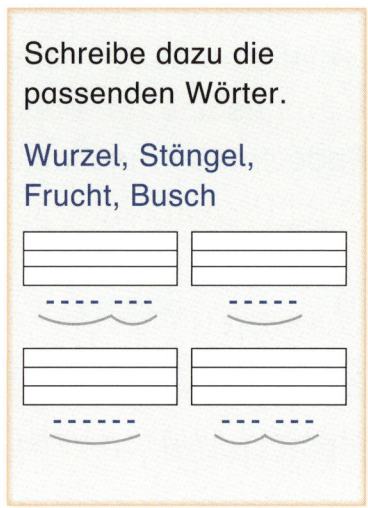

Lass dein Blatt kopieren.
Schreibe auf die Kopie die Lösungen.

Ich suche mir immer wieder ein Blatt heraus. Hier entdecke ich auf einer Lösungsseite gleich 2 Fehler! Du auch?

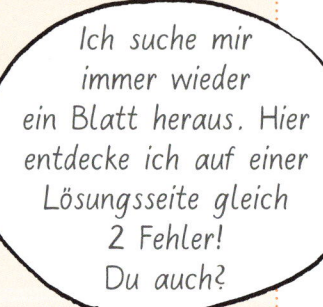

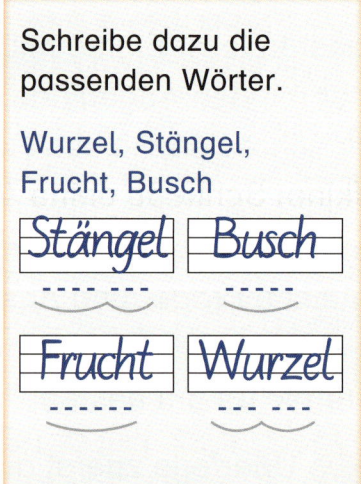

Stecke dieses Blatt mit dem Lösungsblatt dahinter in eine Klarsichthülle.
Hefte alles in den Ordner **Unser Sprachbuch**.

So eine Überraschung!

1 Was könnte auf dem ersten Bild zu sehen sein?

2 Am Anfang einer Geschichte möchten wir einiges erfahren. Diese Fragen helfen dir:

Wer kommt in der Geschichte vor?

Was geschieht?   **Wo** spielt die Geschichte?

Wann spielt die Geschichte?

Welches Kind hat an alle Fragen gedacht?

Ich gehe zum Sport!

Heute spiele ich mit meiner Klasse im Wald.

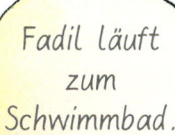

Fadil läuft zum Schwimmbad.

Sara rennt los.

3 Kopfkino: Schließe deine Augen.
Welches Bild kannst du dir oben für den Anfang vorstellen? Schreibe auf.

4 Spiele mit anderen Kindern die Geschichte.
Schreibe sie auf. Die Sätze können dir helfen.

Gleich gebe ich den Schein ab. Wem das Geld wohl gehört?

Ich nehme ein Buch aus dem Regal.

Da fällt ein Geldschein aus dem Buch. So eine Überraschung! Ein 10 €-Schein!

Wer...?   Was...?
Wo...?   Wann...?
So fangen oft Geschichten an.

Miteinander sprechen

1 Heute gibt es viel zu tun.
Fabian und seine Mutter planen: Zusammen decken
wir den Tisch für das Frühstück.
Fabian: Später lerne ich …
Mama: …

2 Beim Tischdecken fällt Fabian Mamas Lieblingstasse
herunter. Das tut ihm sehr leid und er entschuldigt
sich. Was sagt er? Was kann er tun?

3 Mutter tröstet Fabian. Was sagt sie? Was macht sie?

*Entschuldigung,
das tut mir leid.
Wie kann ich das
wiedergutmachen?*

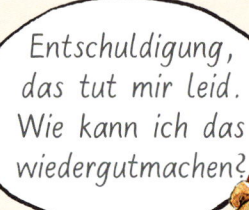

4 Spielt Fabian und seine Mutter. Tauscht danach
eure Rollen. Erzählt anschließend, wie ihr euch
als Fabian oder als seine Mutter gefühlt habt.

5 Wann hast du dich für etwas entschuldigt?
Was ist geschehen?
Bildet einen Gesprächskreis. Ein Kind berichtet,
die anderen hören zu. Du kannst danach Fragen
stellen, schau dabei das andere Kind an.

Miteinander leben

Manchmal musst du
dich entschuldigen –
mit Worten oder auch
mit Taten.

6 Welche Entschuldigung nimmst du gerne an,
welche nicht?

Sprechen entschuldigen, trösten, ermuntern

Was können wir tun?

1 Das tun Fabian und seine Mutter:

lesen, spielen, waschen, essen, kochen, reden,
spülen, arbeiten, schreiben, lachen, singen.

Spielt diese Wörter. Fragt: Was tun wir?
Die anderen erraten, was ihr spielt.

2 Wörter, die sagen, was wir tun, heißen Verben.

Finde weitere Verben.

3 Schreibe die Verben aus Aufgabe 1 untereinander auf.
Schau dir jedes Wortende an. Umkreise die beiden
Buchstaben, die am Wortende immer gleich sind.

4 Nun erkennst du in der Wörterliste ab Seite 130
Verben sehr leicht. Dort stehen Verben in einer
bestimmten Form. Wir nennen sie **Grundform**.
- Woran erkennst du die Grundform?
- Wie viele Verben in der Grundform findest du in fünf
  Minuten? Schreibe sie auf.

5 Finde passende Verben zu den Bildern und schreibe
sie in der Wir-Form und in der Grundform auf. Was
fällt dir auf?

Die Wortart **Verb**
sagt uns nun,
was wir
machen oder tun:
wir lesen.

Verben haben
eine **Grundform**:
lesen.

Ich lache
viel mit Mama.

Am liebsten
esse ich Pizza.

Ich singe
laut unter der
Dusche.

Ich erschrecke
meinen Papa.

Gerne nasche
ich Eis.

Was kann ich tun?

1 **ICH** ▶ Was kannst du machen oder tun? Schreibe drei Verben in der Ich-Form auf: ich … , ich …
Vergleiche deine Verben mit den Verben in der Grundform von Seite 31, Aufgabe 1. Überlege, was anders ist.

2 **DU + ICH** ▶ Erkläre deinem Nachbarkind, was du bemerkt hast. Vergleicht und sprecht darüber. Verben sind interessante Wörter. Findet noch mehr über Verben heraus. Schreibt Beispiele auf.

3 **WIR** ▶ Berichtet in der Klasse, was ihr über Verben wisst. Stimmt das so? Was haben andere Kinder entdeckt?

4 In den Pizzas am Rand findest du Verben (5). Schreibe sie untereinander. Ihre Anfangsbuchstaben ergeben ein weiteres Verb.

5 Schreibe die Verben in der Ich- und Wir-Form.

danken, zanken, heben, leben, rollen, kommen, schreiben, bleiben, arbeiten, tragen, rufen, suchen

Markiere so: ich dank **e** – wir dank **en** , …

6 **Verbtest:** ich
Der Verbtest hilft dir, Verben zu erkennen. Bilde dazu die Ich-Form. Schreibe nur die Verben (9) auf.

lesen, weil, blumen, rot, laufen, gras, singen, schnell, morgen, aber, schreiben, fragen, tomaten, suchen, garten, brauchen, dunkel, enten, lachen, tragen

Schreibe so: lesen – ich lese, laufen – ich …

Zu Wortarten turnen

Ein Kind nennt abwechselnd ein Verb oder ein Nomen.
Die anderen Kinder hören genau zu:
Bei einem Verb fassen sie sich an den Händen.
Bei einem Nomen strecken sie die Arme in die Höhe.

Verbtest: ich
Die Wortart **Verb** sagt mir nun, was kann ich machen oder tun: Ich lache.

A H Seite 17, 18

Was kann er/sie/es tun?

1 Schreibe die Verben vom Rand in der Wir-Form und in der Er-Form auf.

Schreibe und markiere so: bleib**en** – er bleib**t**, …

2 Reime.

schreiben	tragen	leben	legen	lieben
bl	fr	g	pfl	sch
tr	s	h	f	s

3 Welcher Trick hilft dir hier, richtig zu schreiben?

b oder **pp**

- sie le t   – le**b**en
- sie ü t   – ü**b**en
- sie ti t   – ti**pp**en
- sie gi t   – ge**b**en
- sie wi t   – wi**pp**en
- sie schrei t –

g oder **ck**

- er lie t   – liegen
- er schme t – schmecken
- er zei t   – zeigen
- er fra t   – fragen
- er ki t   – kicken
- er sa t   –

4 Ändere den Merksatz vom Rand für die Ich-Form und die Du-Form.

5 Schreibe den Text auf. Setze ein:
b (5) oder **g** (5).

Meine Oma

Meine Oma le t in Ankara.
Mama zei t uns oft Fotos und
schrei t lange Briefe.
Oma fra t, ob wir sie bald besuchen.
Papa überle t und kauft die Flugkarten.
Wir blei en dort zwei Wochen.
Papa sa t es Oma.
Mama le t schöne Geschenke bereit und gi t
Emre ein Buch. Daraus ü t er ein türkisches Lied.

AH Seite 17, 18

Wörterschule

bleiben
fragen
geben
leben
legen
sagen
schreiben
üben
zeigen

Er-, Sie-, Es-Form:
Nimm von der Wir-Form **-en** weg und setze **-t** an diesen Fleck:
leb**en** – er leb**t**.

Tomatensalat mit Mozzarella

Teller, anrichten

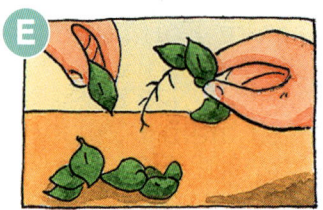

Basilikum, zerpflücken

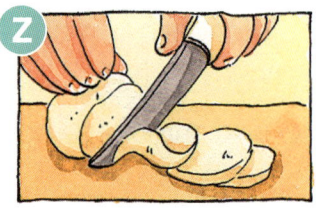

1 Packung Mozzarella, in Scheiben schneiden

Tomaten, in Scheiben schneiden

6 Tomaten, ein kleiner Bund Basilikum, waschen

etwas Salz und Pfeffer, 2 Esslöffel Olivenöl, 1 Esslöffel Essig darübergeben

Danach ...   Nun ...

Darauf ...   Jetzt ...

Anschließend ...

Später ...   Nachher ...

Zum Schluss ...

Unterwegs zu guten Rezepten!

Abwechslung macht allen Spaß, bei **Satzanfängen** merk ich das.

Textekartei ➜ S. 126/8

1 Die Bilder sind durcheinandergeraten. In der richtigen Reihenfolge entdeckst du ein Lösungswort.

2 Schreibe die Zutaten untereinander auf.

Zutaten: 6 Tomaten
1 Packung Mozzarella ...

3 Schreibe das Rezept. Wähle unterschiedliche Satzanfänge, damit es abwechslungsreicher klingt.

Zubereitung:

☐ wasche ich die Tomaten und das Basilikum.

☐ zerpflücke ich das Basilikum.

☐ schneide ich die Tomaten und den Mozzarella in dünne Scheiben.

☐ richte ich die Tomaten, den Mozzarella und das Basilikum auf einem Teller an.

☐ streue ich Salz und Pfeffer.

☐ gebe ich noch Essig und Öl darüber.

Guten Appetit!

4 Schreibe dein Lieblingsrezept auf.

1 Schreibe das Abc vollständig auf.
Die fehlenden Buchstaben ergeben ein Lösungswort: ⸮

A B ⸮ D ⸮ F G H I J K

L M ⸮ O P Qu R S ⸮ U V W X Y Z

2 Schreibe alle Vokale auf.

3 Schreibe zu den Bildern die Wörter in dein Heft.

   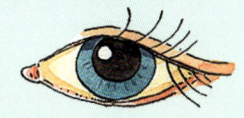

4 Verben verändern sich.
Schreibe die Ich-Form und die Er-Form auf.

Beispiel: *ich danke, er dankt*

schreiben, üben, sagen, tun, bleiben

5 **Nomentest:** 🖐 ddd   Schreibe nur die Nomen mit Artikel auf.

EULE   LEISE   BLÜTE   BAUM   ÜBT   TISCH

KISTE   UNSER   FEDER   FEIN   HEFT   KLEIN

UND   FENSTER   NICHT   OPA   SCHREIBST

6 Bilde jeweils einen Frage- und einen Aussagesatz.
Denke an den Satzanfang und an das Satzzeichen.

wir   die Lehrerin   fragen

einen Text   ich   schreibe

kauft   ein Eis   Hasan

Kommst du mit einer Aufgabe nicht voran, fange mit der nächsten an.

Wiederholen

Hier findest du die Lösungen zu Seite 35.

→ S. 18 ① Schreibe das Abc vollständig auf.

ABCDEFGHIJK
LMNOPQuR
STUVWXYZ

Die fehlenden Buchstaben ergeben ein Lösungswort: CENT

→ S. 16 ② Schreibe alle Vokale auf. *a, e, i, o, u*

→ S. 28, S. 17 ③ Schreibe zu den Bildern die Wörter in dein Heft.

Euro *Geist* *Blume* *Auge*

→ S. 33 ④ Verben verändern sich.
Schreibe die Ich–Form und die Er–Form auf.
Beispiel: *ich danke, er dankt*
ich schreibe, er schreibt *ich tue, er tut*
ich übe, er übt *ich bleibe, er bleibt*
ich sage, er sagt

→ S. 17 ⑤ **Nomentest:** 🖐 ⬜ Schreibe nur die Nomen mit Artikel auf.

*die Eule, die Blüte, der Baum, der Tisch, die Kiste, die Feder,
das Heft, das Fenster, der Opa*

→ S. 21, S. 27 ⑥ Bilde jeweils einen Frage- und einen Aussagesatz.
Denke an den Satzanfang und an das Satzzeichen.

Fragen wir die Lehrerin? Wir fragen die Lehrerin.
Schreibe ich einen Text? Ich schreibe einen Text.
Kauft Hasan ein Eis? Hasan kauft ein Eis.

Du glaubst, du musst noch üben? Die grünen → Seitenangaben sagen dir, wo.

Bist du mit deinem Ergebnis zufrieden?
Male zu deinen Aufgaben passend: ☺ ☹ ☹

☹ ☹ Wie willst du üben?
Sprich auch mit deiner Lehrerin, deinem Lehrer.

Wiederholen

Jedes Kuscheltier ist anders

1 Emma hat viele Teddybären.
Welcher Teddybär gefällt dir am besten?
Lass ein anderes Kind deinen Lieblingsteddy erraten.
Antworte nur mit ja oder nein.

Ist der Teddy groß?
Ist der Teddy rosa?
Ist sein Fell lang?

2 Dein Kuscheltier ist in deiner Schultasche versteckt.
Beschreibe dein Kuscheltier genau:

Fell, Ohren, Beine, Kopf, Schwanz, Augen,
Schnauze ...
groß, klein, lang, kurz, dick, dünn, kuschelig, glatt,
weich ...

Wer errät dein Tier? Jetzt kannst du es aus seinem
Versteck holen.

3 Alle Tiere sehen verschieden aus.
Setzt eure Kuscheltiere in die Mitte.
Beschreibe eines der Tiere so genau wie möglich.
Welches Kuscheltier ist es? Wem gehört es?

4 Versteckt eure Kuscheltiere unter einer Decke.
Ein Kind darf unter die Decke greifen.
Es befühlt und beschreibt ein Tier ganz genau.
Die anderen Kinder raten.

> Bringe dein
> Kuscheltier mit
> in die Schule.
> Verstecke es in
> deiner Schultasche.

Lustige Tiere

① Emma malt viele Tiere.

Mit den Bildern bastelt sie ein lustiges Buch.

Erkläre das Bild und den Namen des Tieres.

② Schreibe jede Silbe auf ein Kärtchen.

EN · TE   KÄ · FER   HA · SE   AF · FE   BI · BER

BIE · NE   I · GEL   RAU · PE   SCHLAN · GE

VO · GEL   TI · GER   SPIN · NE   MAR · DER

KAT · ZE   EU · LE   E · SEL   LÖ · WE   FLIE · GE

③ Bilde mit den Silbenkärtchen lustige Tiernamen.

④ Wie könnten die Tiere vom Rand heißen?

Schreibe so: BIENE + IGEL = BIE · GEL

⑤ So könnt ihr ein Tierbuch wie Emma machen:

Malt Tiere aus Aufgabe 2.

Jedes Tier muss gleich breit sein.

Dazu machst du vorher auf deinem Blatt zwei Punkte.

Schau dir das Blatt am Rand an.

Beschrifte die Tiere mit ihrem Namen.

Wie das geht, siehst du im Bild oben.

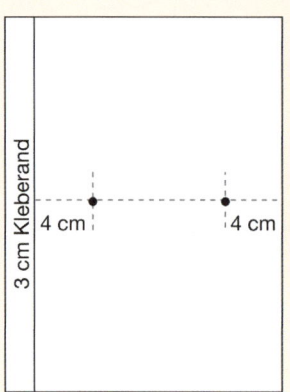

3 cm Kleberand

4 cm   4 cm

Einzahl und Mehrzahl

Wörterschule

1 Merk dir bloß: Nomen schreibt man groß.

Wie heißen die Tiere am Rand? Schreibe die Nomen
mit Artikel auf. Die Wörterschule ab Seite 130 hilft dir.

2 Falte eine Heftseite so, dass du
zwei Spalten erhältst. Ordne zu.

eine Katze, zwei Wölfe, fünf Raben,
drei Raupen, drei Hunde, eine Ameise,
zwei Esel, acht Mäuse, zwei Enten,
ein Löwe, ein Hase, ein Schaf, ein Fisch,
ein Schwein, eine Eule, drei Vögel

3 **Nomentest:** MZ Nomen können in der Mehrzahl stehen.
Welche Nomentests kennst du noch?

4 **Nomentest:** ✋ ddd MZ Ordne und schreibe richtig.

maus, schnell, aber, angst, löwen, und, blume, kalt,
stift, weil, leicht, sport, wolke, feder, krank, oma, schafe

Nomen (10): Maus, …
keine Nomen (7): schnell, …

5 Schreibe den Text ab und setze die Tiernamen passend
ein: in der Einzahl oder in der Mehrzahl.

Die kleine 🐜 im Zoo
Im Zoo sieht die 🐜 viele 🦆🦆 .
Sie fragt den 🫏 und die 🐦‍⬛🐦‍⬛ ,
wo es zu den 🦁🦁 geht.
Sie sieht die 🐺 und die 🐑🐑 .
Der kleine 🐇 sitzt neben einer Blüte,
auf der eine 🐛 ist.

Nomentest: MZ

Ein Nomen ich ganz
leicht erkenne,
wenn ich dazu die
Mehrzahl nenne.

Richtig schreiben   Nomen erkennen: Mehrzahl

Wörterschule

Junge

Ring

dan**ken**

sing**en**

Bank

eng

krank

den**ken**

bring**en**

trin**ken**

Wörter mit ng und nk

1 Ordne die Wörter vom Rand nach dem Abc.
Schreibe sie in Sil-ben auf.

2 Die Schlange frisst nur Wörter mit **ng**.
Die Unke frisst nur Wörter mit **nk**.

Ordne die Wörter vom Rand so:

-ng: bringen, …

-nk: Bank, …

3 Reime.

Schrank	stinken	tanken	lenken
B	tr	d	d
kr	s	z	verr

Lunge	eng	klingen	Springer
J	str	s	F
Z		br	R

4 Schreibe die Sätze richtig auf.

Die Klasse ___ (singen) ein Lied.

Der Junge ___ (denken) an sein Auto.

Die kranke Juline ___ (trinken) Saft.

Die Mutter ___ (bringen) ein Spiel.

Samuel ___ (danken) dem Onkel für den Fußball.

5 Blitzdiktat ➜ Seite 123/3

Übt die Wörter aus der Wörterschule so.

Ich spreche beim Schreiben **ng** und **nk** deutlich mit.

Richtig schreiben   Aussprache und Schreibung

A H Seite 23, 24

Die Katze Lilli

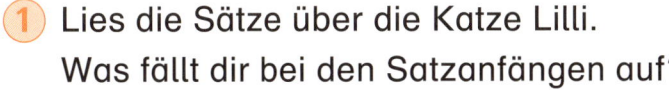
Die Katze heißt Lilli.

Sie frisst am liebsten Fisch.

Sie hat ein weißes, weiches Fell.

Sie schärft ihre Krallen leider am Sofa.

Sie spielt gerne mit ihrem Ball.

Sie schläft am liebsten in Selinas Bett.

1 Lies die Sätze über die Katze Lilli.
Was fällt dir bei den Satzanfängen auf?

2 So kannst du Satzanfänge unterschiedlich gestalten.
Erkläre und übe.

Sie spielt gerne mit ihrem Ball.
Gerne spielt sie …
Mit ihrem Ball …
Sie frisst am liebsten Fisch.
Am liebsten …

3 Schreibe über Lilli.
Achte auf unterschiedliche Satzanfänge.

Die Katze heißt Lilli. Sie hat ein weiches, weißes Fell.
Gerne spielt sie mit ihrem Ball …

4 Schreibe mindestens fünf Sätze über dein Lieblingstier.

Denke an unterschiedliche Satzanfänge.
Auch die Seite 126/8 kann dir helfen.

5 Geschichtenkreis ➜ Seite 128
Lies deinen Text in der Gruppe vor. Die anderen
Kinder hören gut zu. Sprecht über den Text:
- Gibt es unterschiedliche Satzanfänge?
- Hast du viel über das Tier erfahren?
- Was hat dir besonders gefallen?

Unterwegs zu guten Geschichten

Abwechslung macht allen Spaß, bei **Satzanfängen** merkt man das: Du kannst **Sätze** auch **umstellen**.

Textekartei ➜ S. 126/8

Schreiben · Satzanfänge: Sätze umstellen

41

In unserem Haus

Butterplätzchen
Zutaten:
500 g Mehl
350 g Butter
170 g Puderzucker
1 Ei
1 Päckchen Vanillezucker
1 Messerspitze Backpulver

Zubereitung:
Butter, Puderzucker, Vanillezucker
und das Ei verrühren. Mehl und
Backpulver dazugeben und gut
durchkneten. Den Teig 30 Min. in den
Kühlschrank stellen. Teig ausrollen,
Plätzchen mit Förmchen ausstechen.
Bei 180° Umluft 15 Minuten backen.

Kennst du ein
Nikolausgedicht in
deiner Mundart?

Heiliger Nikolaus,

du braver Mo.
I sing dir a Liadl,
so guat wia I ko.
I sing dir a Liadl,
so guat wia I ko.

Hast in dein Sackerl drinn
Apferl und Kern,
viel Nussn und Feign,
mei, de mog i gern!

Sag zu dein Kramperl glei,
bin no so kloa,
er derf mi fei ja net
in Sack einitoa!

Christbaumkugel
Material:
- dickes buntes DIN-A4-Papier
- Musterklammern, goldene Schnur
- Schere

Schneide 12 Streifen ca. 1,5 cm breit.
Loche die Enden der Streifen in der Mitte.
Lege nun alle 12 Streifen aufeinander
und verbinde sie mit je einer Musterklammer oben
und unten.
Ziehe die Streifen vorsichtig auseinander,
sodass sich eine Kugel ergibt.
Befestige die Schnur an einer Musterklammer.

BAYRAM
Christen feiern an
Weihnachten die Geburt
Jesu Christi. Menschen, die
einer anderen Religion angehö-
ren, feiern andere Feste. Wir
Muslime feiern Bayram am Ende
des Fastenmonats Ramadan.
Kinder sagen dazu
Sekerbayrami, das
Zuckerfest.

Wer kann davon
erzählen?

ADVENT
Wir haben einen Kranz gebunden
und seine Zweige mit Bändern umwunden.
Nun stecken wir rote Kerzen drauf
und hängen den Kranz im Zimmer auf.
Am Abend, wenn die Sterne schimmern,
dann lassen wir die Lichter flimmern.
Zuerst nur eins, dann zwei, dann drei,
dann kommt das vierte an die Reih.
Wir freuen uns am goldnen Licht
und jeder jetzt vom Christkind spricht.

Ferdinand Denzel

Lerne das Gedicht
auswendig. Wie lange
brauchst du dazu?
Setze dir einen Termin.

Sprache untersuchen   Sprachvarietät

Weihnachtsvorbereitungen

Die Kinder backen.

Die Kinder backen Plätzchen.

Die Kinder backen Plätzchen mit Oma.

Die Kinder backen Plätzchen mit Oma in der Küche.

① Lies die Sätze. Was fällt dir auf?

② Überlege dir selbst einen kurzen Weihnachtssatz.
Lass ihn wachsen wie im Tannenbaum oben.
Die Beispiele am Rand können dir helfen.

③ Gestalte ein Blatt für **Unser Sprachbuch**:
Zeichne einen Tannenbaum und schreibe
einen kurzen Satz hinein.
Andere Kinder können deinen Satz ausbauen.

④ Schiebe die Geschenke hin und her.
Wie viele unterschiedliche Sätze kannst du
mit den Satzbausteinen bauen?
Du kannst auch die Satzart verändern.
WIR Vergleicht eure Sätze und sprecht darüber.
Singt Emma ...? Heute singt ...

Ich bastle.

Pablo spielt.

Bianca liest.

EMMA HEUTE FÜR DEN NIKOLAUS SINGT EIN LIED

Besondere Schreibweisen

1. Lies das erste Wort aus der Wörterschule.
   Welche Buchstaben kannst du nicht richtig hören?

   So schreibst du das Wort richtig auf:
   1. Lies und sprich das Wort genau.
      Merke dir die besonderen Stellen: B**a**b**y**
   2. Schreibe das Wort oder die Silbe auf.
      Sprich dazu: B**a**b**y** mit **a** und **y**.
   3. Vergleiche dein Wort mit der Vorlage.

   Schreibe alle Lernwörter vom Rand so auf. Sprich und
   markiere jeweils die besonderen Stellen gelb.

2. Setze die Silben richtig zusammen. Schreibe die Nomen
   mit Artikel auf.

   MÜNCENTZE, PUTERCOMRAUM, DRATQUA,

   BABETTBY, NACLOWNSE, NETINTER, STALLNYPO,

   DOQUELNAULE, CORNTÜPOPTE, KOPFQUATSCH

3. Einige Lernwörter sind Fremdwörter. Sie kommen aus
   einer anderen Sprache kommen. Sie werden oft anders
   gesprochen als geschrieben. Welche Fremdwörter
   kennst du? Sammle sie und stelle sie in der Klasse vor.

4. Schreibe ab, setze die fehlenden Lernwörter ein.
   Markiere besondere Stellen gelb.

   Im Zirkus

   Die Mutter, der Junge Paul und das  *sind im*

   Zirkus. Die Karten hat Mutter am  *gekauft.*

   Es geht los. Der *singt laut. Ein Zauberer holt*

   einen *aus seiner Nase. Nun zaubert er*

   ein rotes ▮ . *Paul lacht und freut sich.*

B**a**b**y**
Cent
Clo**w**n
Computer
Internet*
Pon**y***
Pop**c**orn*
Quadrat
Quatsch
Quelle

Üben und merken!
Ich übe die Wörter
und merke sie mir,
besondere Stellen
sage ich dir:
B**a**b**y** mit **a** und **y**.

Richtig schreiben   Wörter mit Qu, Fremdwörter

Wir laden ein

1 Die Kinder der 2. Klasse sind aufgeregt.
Sie bereiten eine Weihnachtsfeier vor.
Heute dürfen sie die Einladungen gestalten.

Wie könnten diese aussehen?

2 Was soll in einer Einladung stehen?
Ergänze die W-Fragen.

Wer wird …?   **W**ann endet …?
Wozu wird …?   **W**o …?
Wann beginnt …?   **W**as …?
Wer lädt ein …?

3 Was gefällt dir an dieser Einladung?
Was fehlt noch?

Wann sollen wir kommen?

*Wo findet das Fest statt?
Was sollen wir mitbringen?*

Liebe Eltern,

zu unserer Weihnachtsfeier von **17** Uhr bis
19 Uhr laden wir euch herzlich ein.
Wir freuen uns auf euch.
Bitte teilt uns mit, ob ihr kommt.

Viele Grüße

Diese Fragen helfen dir, eine gute Einladung zu schreiben:

Wer …?
Wozu …?
Wann …?
Wo …?

4 Wie könnt ihr Einladungen schön gestalten?

Worauf wollt ihr schreiben?
Womit wollt ihr schreiben?
Wie soll die Schrift aussehen?
Wie wollt ihr die Einladungen schmücken?

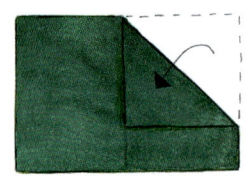
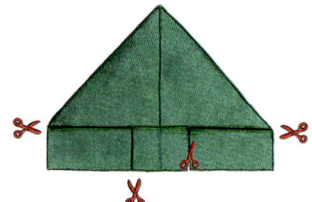

Linas Vorsätze

Ich wünsche mir für's neue Jahr
ganz viel Spaß, das ist doch klar!
Ich werde nicht mehr so viel naschen
und immer meine Hände waschen.
Ich hab im Kopf noch ganz viel Platz
für einen großen Wissensschatz.
Ich werde lernen und viel üben
und esse täglich gelbe Rüben.
Ich helfe meinen Eltern gern,
sehe nicht mehr so viel fern.
Ich freue mich auf jeden Tag.
Was das Jahr wohl
bringen mag?

1) Lies Linas Gedicht. Warum hat sie es aufgeschrieben?

2) Was hat sich Lina für das neue Jahr vorgenommen?

Lina will nicht mehr ...   Sie möchte ...

3) Welchen Vorsatz von Lina findest du besonders
wichtig? Begründe.

4) Jedes Kind schreibt drei Vorsätze für das neue Jahr
auf einen Zettel. Ihr könnt auch ein Gedicht schreiben
wie Lina. Sammelt die Zettel in einem Karton.
Am Ende des Schuljahres bekommst du deinen Zettel
wieder. Hast du deine Vorsätze eingehalten?

In einem
Gedicht können
Satzanfänge auch
gleich sein!

Sprechen eigene Meinungen

47

Oh, ein Feuerwerk!

1 Was fühlen die Menschen und der Hund?

Freude, Schreck,
Angst, Glück,
Sorge, Begeisterung …

Woran erkennst du das?

2 DU + ICH ▸ Überlegt gemeinsam, was die Menschen bei dem Feuerwerk ausrufen könnten. Spielt und betont dabei deutlich. Zeigt Gefühle mit Gesicht und Körper.

3 Wörter und Sätze, die du **ausrufst**, heißen **Ausrufe**. Welches Satzzeichen schreibst du nach Ausrufen?

4 Lies diese Ausrufe. Wie betonst du sie? Zu welchen Gefühlen könnten sie passen?

Schade!   Toll!   Nein, so eine Überraschung!   Hallo!

So ein Quatsch!   Hilfe!   Bitte!   Spitze, du kannst es!

Entschuldigung, das wollte ich nicht!   Endlich!

5 Jede Satzart hat ihr Satzzeichen.
Schreibe die Ausrufe (5), Fragesätze (3) und Aussagesätze (2) mit den passenden Satzzeichen.

Oh, wie bunt
Darf ich nach vorne gehen
Wuffi hat schreckliche Angst
Toll, wie die Rakete losgeht
Ah, das ist einmalig
Wann hört das endlich auf
Dieses Jahr komme ich in die 3. Klasse
Oh je, das ist furchtbar laut!
Was für ein Erlebnis
Wo ist der Hund

Toll!   Ah!

Nein, das ist zu laut!

Großartig!

Schrecklich, dieser Knall!

Frohes neues Jahr!

Oh, wie schön!

Nach einem **Ausruf** steht ein **Ausrufezeichen**:

!

Monatsnamen

Jah'res'lauf

Zu'erst siehst du den Ja'nu'ar,
dann kommt der kur'ze Feb'ru'ar.
Schnell fol'gen März, Ap'ril und Mai,
Ju'ni und Ju'li sind auch rasch vor'bei.
Nun zei'gen sich Au'gust und Sep'tem'ber,
Ok'to'ber, No'vem'ber und der De'zem'ber.
Von vor'ne be'ginnt ein neu'es Jahr
schon wie'der mit dem Ja'nu'ar.

1 Schreibe das Gedicht auf.
Sprich dabei in Silben wie ein Roboter.

2 Schreibe die Monatsnamen (5).

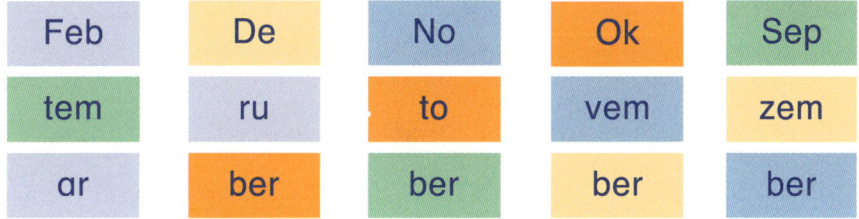

Feb	De	No	Ok	Sep
tem	ru	to	vem	zem
ar	ber	ber	ber	ber

3 Ordne die Monate nach der Anzahl ihrer Tage.
Januar (31), Februar (28 oder 29), März (31), April (30),
Mai (31), Juni (30), Juli (31), August (31), September
(30), Oktober (31), November (30), Dezember (31)

Schreibe so: 28 oder 29 Tage: Februar
              30 Tage: …

4 Lerne das Gedicht alleine auswendig.
Setze dir einen Termin. Bis wann schaffst du das?

5 Wie hast du auswendig gelernt?
- **ICH** ▶ Überlege genau, was du dafür getan hast.
- **DU + ICH** ▶ Frage dein Nachbarkind: Wie hast du …?
  Wo …? Erklärt und vergleicht eure Arbeitsweisen.
- **WIR** ▶ Sprecht über das Auswendiglernen in der
  Klasse. Vielleicht bekommt ihr weitere gute Tipps?

Wörterschule

Januar*
Februar*
März*
April*
Mai*
Juni*
Juli*
August*
September*
Oktober*
November*
Dezember*

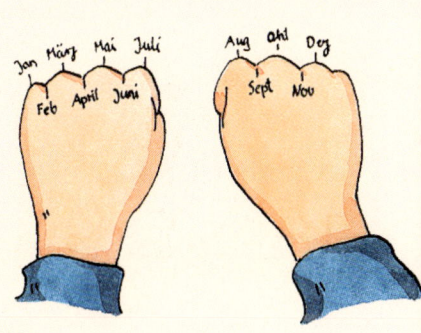

Zeile für Zeile …

im Bett

Bilder malen

laut

abdecken

Richtig schreiben individueller Wortschatz

Viel Glück!

① Was bedeuten die Bilder am Rand?

② Auch in anderen Ländern wünschen sich
Menschen „Viel Glück!".
Welche Sprechblase passt zu welchem Land?

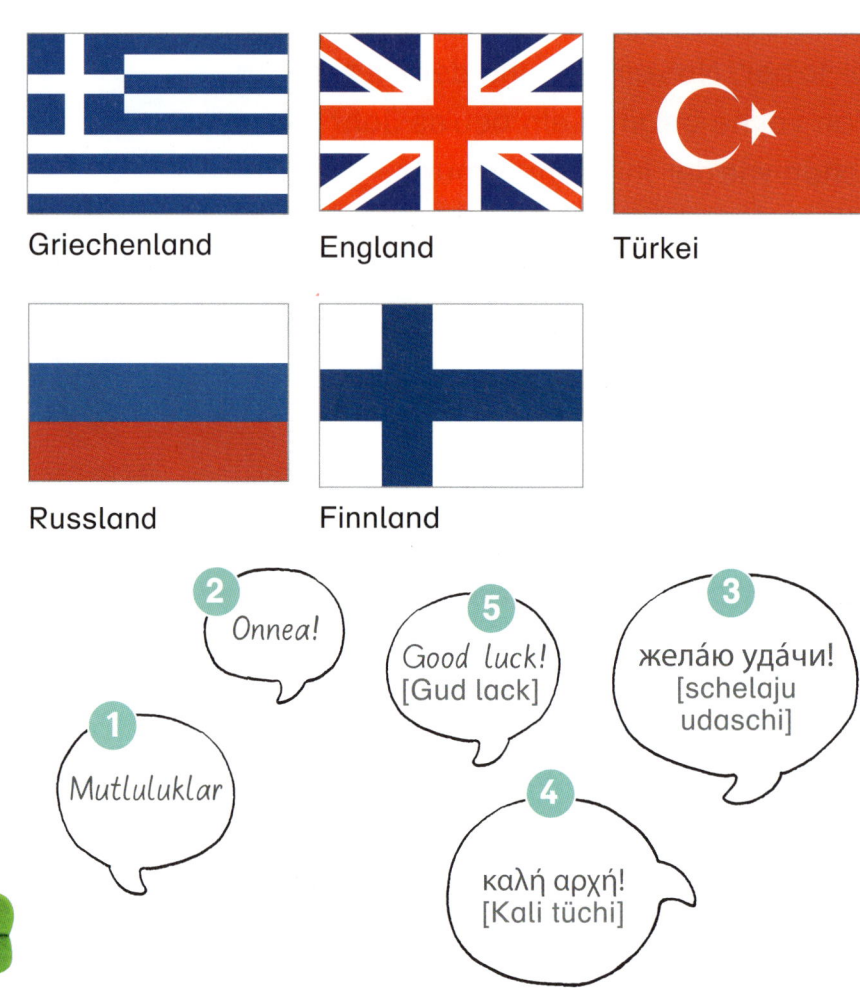

Griechenland   England   Türkei

Russland   Finnland

③ Viele Menschen haben ihre ganz eigenen
Glücksbringer.

Hast du einen Glücksbringer?
Wann und warum ist er wichtig für dich?

④ Male einen Glücksbringer und schreibe einen
guten Wunsch dazu. Lege ihn einem anderen
Kind auf den Tisch.

1 Türkei,   2 Finnland,   3 Russland,   4 Griechenland,   5 England

Neujahrswünsche

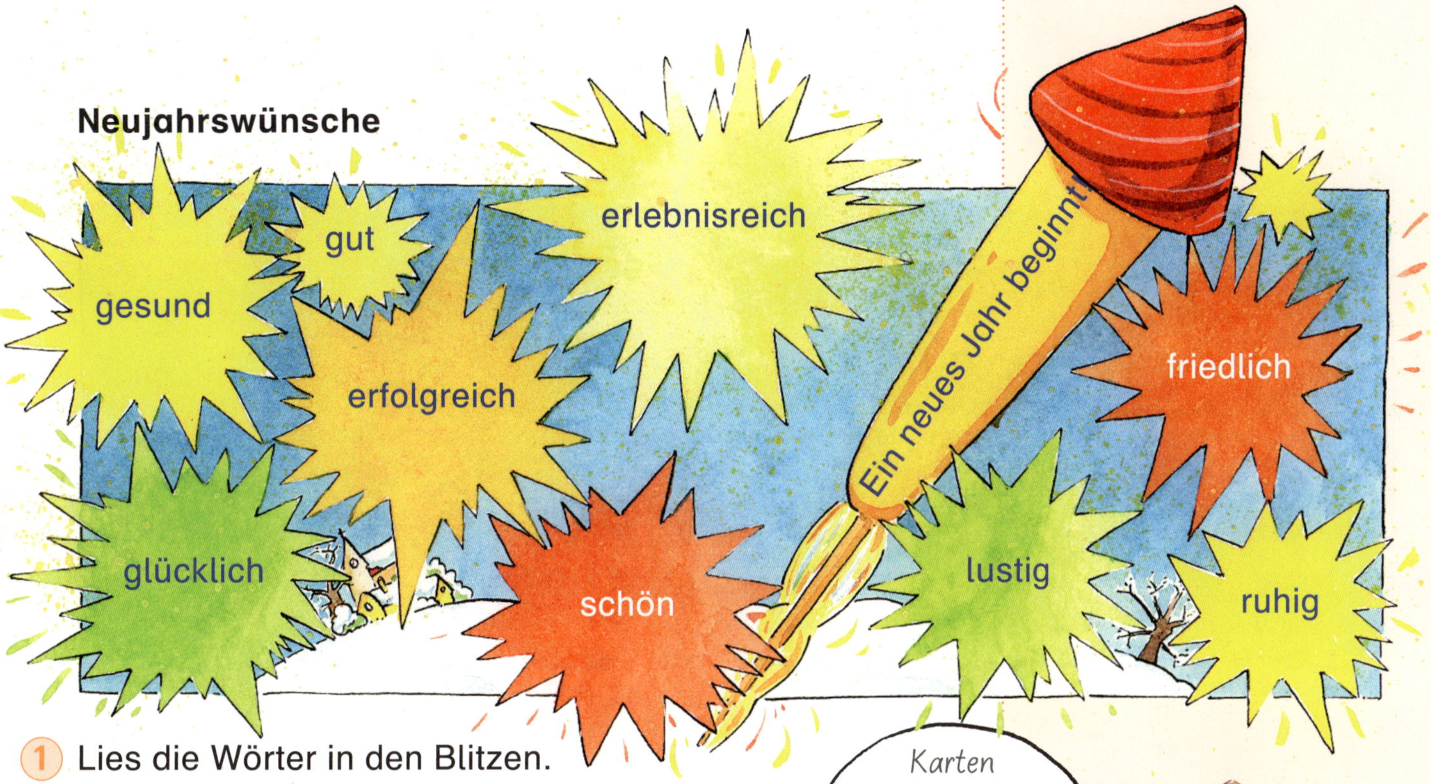

gut

gesund

erlebnisreich

erfolgreich

friedlich

Ein neues Jahr beginnt

glücklich

schön

lustig

ruhig

1 Lies die Wörter in den Blitzen.
Überlege dir einen Neujahrswunsch.

2 Ein Spiel zum neuen Jahr

Jedes Kind schreibt einen Zettel mit einem
Neujahrswunsch. Die Seite 50 hilft dir.

Beispiel: *Ich wünsche dir ...*

Alle Zettel werden gefaltet und in eine große Schale
gelegt. Nun zieht jedes Kind einen Zettel.
Was steht darauf?
Hoffentlich gehen alle Wünsche in Erfüllung.

*Karten
schmücken
ist nicht schwer,
darüber freut
sich jeder sehr.*

Ich wünsche dir
ein gutes neues Jahr.
Danke, dass du immer
so nett zu mir bist.

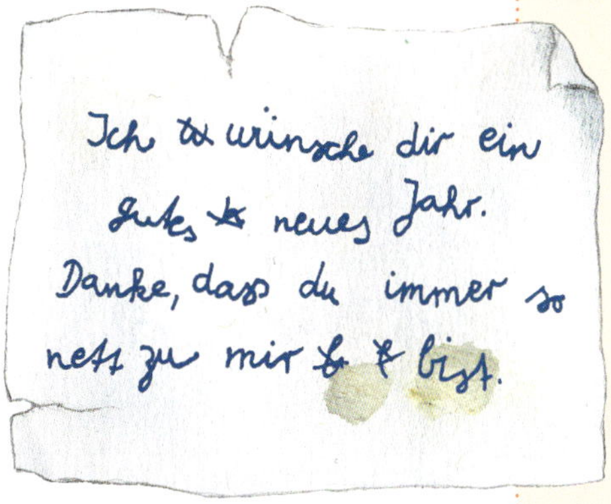

Ich da wünsche dir ein
gutes da neues Jahr.
Danke, dass du immer so
nett zu mir fa fa bist.

3 Welcher Neujahrswunsch gefällt dir? Erkläre.

4 Gestalte für einen lieben Menschen eine schöne
Karte mit Neujahrswünschen.

*Mach es wie
die Sonnenuhr,
zähl die heit'ren
Stunden nur!*

Die Sonnenuhr

Die einfachste Form einer Uhr ist ein Stock, der
an einem sonnigen Platz in die Erde gesteckt wird.
Da sich die Sonne im Laufe eines Tages am Himmel
entlang bewegt, verändert sich der Schatten, den
der Stock auf den Boden wirft. Der Schatten wandert
wie der Zeiger einer Uhr um den Stab herum.
Mit Steinen kann man die Stunden markieren.

1 Beschreibe, wie eine einfache Sonnenuhr aussieht
und wie sie arbeitet.

2 Welche Nachteile hat eine Sonnenuhr? Erkläre.
Ich vermute, …   Ich denke, dass …

3 Betrachte die Uhren am Rand. Wie heißen sie?
Welche Uhr brauchst du für welche Gelegenheit?

4 Welche Uhren kennst du noch?

5 Welche Uhr möchtest du gerne haben? Begründe.

Im Uhrengeschäft

Ich hätte gerne eine Uhr.

1 Der Verkäufer weiß nicht **genau,** welche Uhr Emma kaufen möchte. Warum nicht?

2 Sage es **kürzer,** nur mit **einem Wort.**
Eine Uhr, • die ein Armband hat;
• die an der Wand hängt;
• die für den Sport geeignet ist.

3 In Aufgabe 1 und 2 hast du erfahren, welche Vorteile **zusammengesetzte Nomen** haben. Erkläre.

4 Bilde zusammengesetzte Nomen.
Was fällt dir auf?

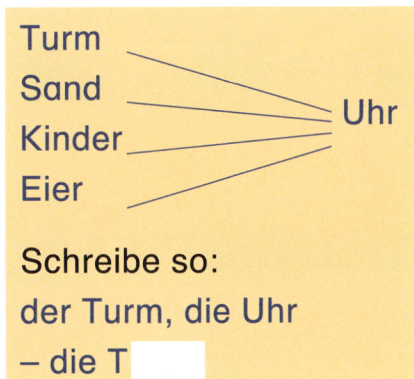

Turm
Sand
Kinder   Uhr
Eier

Schreibe so:
der Turm, die Uhr
– die T☐

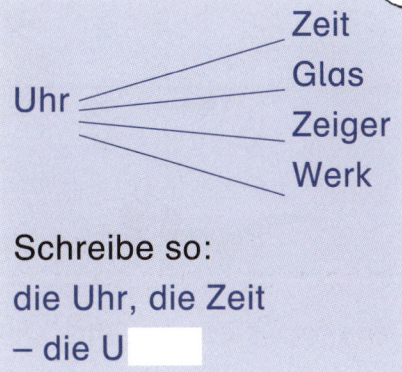

Zeit
Glas
Uhr   Zeiger
Werk

Schreibe so:
die Uhr, die Zeit
– die U☐

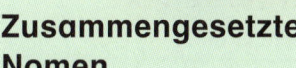

Merk dir bloß: Nomen schreibt man groß!

Zusammengesetzte Nomen

Ich **höre zwei Wörter,** kann **ein Ding** nur sehen, drum **schreibe** ich **ein Wort,** in dem beide stehen.

Ein Ding – ein Wort: der Turm, die Uhr – die Turmuhr

5 Erfinde Uhren, die es gar nicht gibt.

Schreibe so: der Fuß, die Uhr – die Fußuhr …

Sprache untersuchen · zusammengesetzte Nomen

Wörterschule

Bild

Brot

Bub

Hund

Kind

Kleid

Tag

Weg

Wind

Zelt*

Nomen verlängern

1 Schreibe die Lernwörter in der Einzahl und in der Mehrzahl. Markiere **-b**, **-d**, **-g**, **-t** in beiden Wörtern gelb.

Schreibe so: das Bil**d** – die Bil**d**er, das Bro**t** – die …

2 Lies deine Wörter aus Aufgabe 1 zuerst in der Einzahl und dann in der Mehrzahl.
Wo hörst du **-b**, **-d**, **-g**, **-t** deutlicher? Erkläre.

3 Sprich zuerst das längere Wort – das Mehrzahlwort.
Schreibe dann die Einzahl und die Mehrzahl auf.

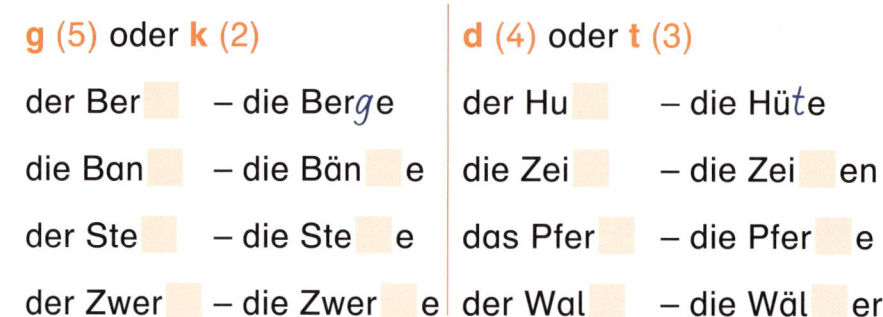

g (5) oder **k** (2)	**d** (4) oder **t** (3)
der Ber – die Ber*g*e	der Hu – die Hü*t*e
die Ban – die Bän e	die Zei – die Zei en
der Ste – die Ste e	das Pfer – die Pfer e
der Zwer – die Zwer e	der Wal – die Wäl er

4 DU + ICH Ordnet die Lernwörter nach dem letzten Buchstaben. Finde gemeinsam weitere Nomen, die dazu passen. Ein Wörterbuch hilft euch.

5 Bilde lustige Sätze mit den Lernwörtern.

Lena malt ein   mit einem   .
Ein   reitet mit dem   auf dem   .
Im Juli schlafen wir gerne im   .
Jeden   kauft Frau Gut ein frisches   .
Mein   ist bunt.

d oder **t**,
b oder **p**,
g oder **k**?
Ich **verlängere das Wort,**
dann ist es klar:
das Bil**d** – die Bil**d**er,
der Bu**b** – die Bu**b**en,
der Ta**g** – die Ta**g**e.

A H Seite 29, 30

Wörter zur Zeit

1 Es gibt viele Möglichkeiten, wie du die Lernwörter ordnen kannst. Entscheide selbst. Vergleicht und besprecht eure Ordnungen.

2 Schreibe die Mehrzahl, schreibe die Einzahl.
Spure **-g** in beiden Wörtern farbig nach.

die Monta**g**e   –   der Monta**g**
die Diensta**g**e   –   der Diensta▢
die Donnersta**g**e –   ▢ ▢
die Freita**g**e   –   ▢ ▢
die Samsta**g**e   –   ▢ ▢
die Sonnta**g**e   –   ▢ ▢

Welcher Wochentag fehlt?

Wörterschule

Montag*
Donnerstag*
Zeit
Mittwoch*
Sekunde*
Sonntag*
Minute*
Samstag*
Woche
Dienstag*
Monat*
Freitag*

3 Welcher Nomentest passt?
Ordne wie am Rand.

Rose, Sonntag, Blumentopf, Fisch,
Woche, Montag, Apfel, Sommerzeit,
Pferd, Hundefell, Pirat, Küchenuhr

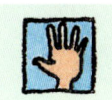 

✋	ddd	MZ
ja	die Rose	die Rosen
nein	der Sonntag	die …

4 Entdecke Fehler (6). Schreibe alle Wörter richtig auf.

Winterruhe, Wochename, Ohrring, Augustag, Uhrzeit,
Schullied, Sekundenzeiger, Wintereise, Minutezeiger,
Haareif, Kalender, Blatt, Monatsname, WinterZeit

5 Entdecke Fehler (6). Schreibe den Text richtig auf.

Kennst du das Sams?

Eine Woche

Am Montag beginnt die neue Schul Woche.
Am Dienstag schreiben
die Kinder Monats Geschichten.
Am Mittwoch kleben sie
diese auf Kalender Blätter.
Am Donnerstag malen sie Hunde Bilder.
Am Freitag rückt der Minuten Zeiger rasch voran.
Am Samstag und Sonntag ist Wochen Ende.

Richtig schreiben individueller Wortschatz

trödeln   stolpern

schleichen

wandern

sausen

schlendern

flitzen

hinken

rennen

Immer gehen langweilt sehr, ich hole auch **andere Wörter** her.

Textekartei → S. 127/10

Schreiben   Wortschatzalternativen: gehen

56

Auf dem Heimweg

1 Welches Wort passt zu welchem Bild?
rennen, schlendern, wandern

2 Wie können Menschen oder Tiere **gehen**? Spiele es. Die Verben vom Rand helfen dir. Die anderen Kinder nennen jeweils das passende Wort zu deinem Spiel.

3 Spielt zu diesem Text. Was fällt euch auf? Verbessert den Text.

Auf dem Heimweg
Ich gehe durch die Schultür und gehe zu Tim.
Wir klatschen uns ab und gehen los.
Gleich gehen wir über einen Stein und gehen auf einer Gartenmauer. Die Turmuhr schlägt halb zwei.
So spät schon! Tim und ich gehen los. Schon gehe ich um die letzte Ecke und gehe die Treppe hinauf.

4 Ein Kind liest den verbesserten Text von Aufgabe 3 vor. Andere Kinder spielen dazu.

5 Schreibe zu einem Bild von Aufgabe 1 eine Geschichte. Verwende unterschiedliche Wörter für gehen. Lies nach auf Seite 127/9.

1 Finde zu jedem Bild die richtige Schreibweise in der Einzahl und in der Mehrzahl. Denke an die Artikel.

2 Sprich die Wörter deutlich und schreibe sie mit Artikel auf.
Male Aufpassstellen gelb an.

3 **ng** oder **nk**? Schreibe die Wörter richtig auf.

tri_en	Schla_e	du_el	kra_	bri_en
Ri_	Ba_	Zu_e	da_en	O_el

4 Immer ein Wort passt nicht. Schreibe es auf.
1) Oktober, November, Januar, Freitag, März, Mai
2) Stunde, Sekunde, Minute, Mittwoch, Tag
3) Montag, Sonntag, Geburtstag, Dienstag, Donnerstag

5 Ordne richtig.
1) Montag, Dienstag, Donnerstag, Mittwoch, Freitag
2) Mai, Juli, Juni, August, Oktober, November, September

Wenn du mit allem fertig bist, überprüfe, ob alles ausgefüllt ist!

6 Zerlege diese zusammengesetzten Nomen in die einzelnen Nomen und schreibe sie mit Artikel auf.

Beispiel: Haustür – das Haus, die Tür

a) Brotteig   b) Armband   c) Geldschein
d) Radweg   e) Zeltdach   f) Ohrring

Wiederholen

Hier findest du die Lösungen zu Seite 57.

S.39, S.54 ❶ Finde zu jedem Bild die richtige Schreibweise in der Einzahl und in der Mehrzahl. Denke an die Artikel.

die Raupe –	der Hut –	der Wolf –	das Brot –
die Raupen	die Hüte	die Wölfe	die Brote
das Zelt –	das Kleid –	der Löwe –	der Hund –
die Zelte	die Kleider	die Löwen	die Hunde

S.45 ❷ Sprich die Wörter deutlich und schreibe sie mit Artikel auf. Male Aufpassstellen gelb an.

die He**x**e   der **C**ent   das **Qu**adrat

S.40 ❸ **ng** oder **nk**? Schreibe diese Wörter richtig auf.

trinken	Schlange	dunkel	krank	bringen
Ring	Bank	Zunge	danken	Onkel

S.50 ❹ Immer ein Wort passt nicht. Schreibe es auf.

1) Freitag   2) Mittwoch   3) Geburtstag

S.55 ❺ Ordne richtig.

1) Montag, Dienstag, Mittwoch, Donnerstag, Freitag
2) Mai, Juni, Juli, August, September, Oktober, November

S.55 ❻ Zerlege diese zusammengesetzten Nomen in die einzelnen Nomen und schreibe sie mit Artikel auf.
Beispiel: Haustür – das Haus, die Tür

a) Brotteig: das Brot, der Teig
b) Armband: der Arm, das Band
c) Geldschein: das Geld, der Schein
d) Radweg: das Rad, der Weg
e) Zeltdach: das Zelt, das Dach
f) Ohrring: das Ohr, der Ring

Du glaubst, du musst noch üben? Die grünen 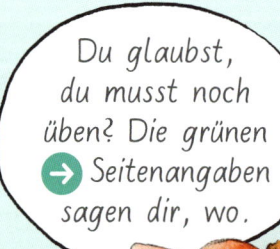 *Seitenangaben sagen dir, wo.*

Bist du mit deinem Ergebnis zufrieden?
Male zu deinen Aufgaben passend: ☺ 😐 ☹

😐 ☹ Wie willst du üben?
Sprich auch mit deiner Lehrerin, deinem Lehrer.

Wiederholen

Beim Italiener

Buon giorno!

(1) Im Bild begrüßt
der Ober seine
Gäste auf Italienisch.
Sprich so: Bonn dschorno.

(2) Wann begrüßen oder verabschieden wir uns?
Warum machen wir das?
Welche Grußformen kennst du?

(3) So begrüßt und verabschiedet man sich in anderen
Ländern. Sprich so, wie es in den Klammern steht.

Frankreich:	Bonjour! [boschur]
	Au revoir! [orewoar]
Russland:	Добрый день! [dobre djin]
	До свидания! [da βwidanja]
Polen:	Dzien dobry! [dschjen dobry]
	Do widzenia! [do widsennja]
Kroatien:	Dobar dan! [dobar dan]
	Do viđenja! [do vidjenja]
Türkei:	Merhaba! [Merhaba]
	Allaha ısmarladık! [Allasmarladik] sagt der, der geht.
	Güle güle! [gülle gülle] sagt der, der bleibt.
England:	Hallo! [hellou]
	Good bye! [gud bai]
Spanien:	¡Hola! [ola]
	¡Hasta la vista! [asta la vista]
Griechenland:	Καλημερα! [kalimera]
	Αντιο! [andio]

(4) Geht im Raum umher. Begrüßt und verabschiedet
euch in unterschiedlichen Sprachen.

Arrivederci! [Arriwidärtschi]

Sprechen Grüßen in anderen Sprachen

Buon appetito!

Man del tor te,
Bir nen saft,
To ma ten brot,
Sa lat gibt Kraft.
War me Nu deln,
Spi nat da zu,
mag ich gern
und was magst du?

1 Sprich den Reim. Wie betonst du die Silben?

2 Schreibe den Reim von oben in Silben auf.
Male die Vokale gelb an: M a n-d e l-t o r-t e, …
Was entdeckst du?

3 Es gibt **Sprechsilben** und **Schreibsilben**.
ICH ▸ Überlege, was die beiden Fachausdrücke
bedeuten. Betrachte dazu das Bild.

DU + ICH ▸ Erkläre das Bild deinem Nachbarkind.
Verwende die Fachausdrücke „Sprechsilbe" und
„Schreibsilbe". Stimmen eure Erklärungen überein?
Sucht weitere Wortbeispiele im Wörterbuch.
WIR ▸ Stellt eure Wörter in der Klasse vor.

4 Wir trennen am Zeilenende nach Schreibsilben.
Achtung! Ein Buchstabe darf nicht alleine stehen.
Trenne – wenn möglich (13).

Ameise, Hund, Esel, Oma, Onkel, Ananas, Baum, Wolf,
Löwe, Junge, Krautsalat, Olivenöl, Aufläufe, Gemüse

Wenn wir im Wort die
Silben erkennen,
können wir es auch
rich-tig tren-nen.

Kurzer Laut? Langer Laut?

1 Welches Wortpaar passt zu welchem Bild?
Sprich deutlich: Ofen – offen, Ente – Esel,
Rabe – Ratte, Birne – Biene.

Birne – Biene
Ofen – offen
Ente – Esel
Rabe – Ratte

2 Schreibe die Wörter aus Aufgabe 1.

Kennzeichne den ersten Vokal mit Strich oder Punkt:
lang gesprochen: R_a_be
kurz gesprochen: R_a_tte

3 Ordne die Wörter wie in Aufgabe 2.

Riese, Risse, Lippen, Lieder, Stille, Stiele, Kiesel,
Kiste, Hasen, hassen, Ratten, raten, Hüte, Hütte,
Betten, beten, Wiesen, wissen, Vase, Wasser, Katze,
Kater, Rosen, rollen, füllen, fühlen, Ball, Bad

4 Lies die Sätze. Was ist hier falsch? Schreibe richtig
auf. Verwende Wörter aus den Aufgabe 2 und 3.

Bianca mag HÜTTE.
Die BIRNE sitzt auf der Blume.
Der RISSE lebt im Wald.
Die SOHLE scheint am Himmel.
Die Kinder singen LIPPEN.
Rosen haben STILLE mit Dornen.
Die HASSEN sitzen im grünen Gras.

Wir können
**Vokale lang
oder kurz** sprechen.

Nach einem kurzen
betonten Vokal folgen
oft zwei Konsonanten.

AH Seite 35, 36

Richtig schreiben Klangqualitäten unterscheiden

Wörterschule

alle
alles*
füllen*
Füller
Klasse
können
rollen
Wasser

Umlaute: ä, ö, ü

Vokale: a, e, i, o, u

Doppelkonsonanten: Trennung

1 Schreibe die Wörter vom Rand in Sil-ben auf.
Welche Trennregel entdeckst du?

2 Lies jedes Wort von Aufgabe 1 in Silben.
Welche Silbe betonst du jeweils?
Male darin den Vokal oder Umlaut gelb an.
Wie klingt er – lang oder kurz?

3 Reime und schreibe in Silben auf.

wol – len  r

stel – len  b

fül – len 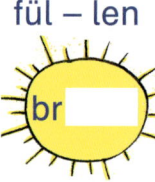 br

Klas – se  K

Kan – ne  W

fal – len 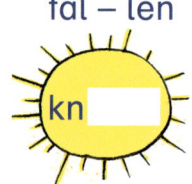 kn

4 Schreibe in Sil-ben.

die Klassenkasse, die Wasserstelle, der Tintenfüller,
die Suppenschüssel, das Puppenkissen,
die Regentonne, der Kinderroller, die Kaffeekanne

5 Schreibe den Text mit Trenn-stri-chen.

Klas-sen-fest wie in Ita-li-en

Die Klasse 2c bereitet ein Fest vor.
Mit Füller schreiben die Kinder
die besten Rezepte aus Italien auf.
Bianca füllt Nudelwasser in einen Topf.
Dann schneidet sie Tomaten.
Nun kann Paul schon
ein Brot machen.
Er rollt den Teig aus.
Ob alles fertig wird?

Klatsche die Silben
im Wort,
dann hörst du die
Trennung sofort:
Klas-se, rol-len …

Achtung!
Ein Buchstabe darf
nicht alleine stehen:
Ita-li-en.

AH Seite 35, 36

Nudeln

Nudeln, kochen   klingeln, Tür   sprechen, Wasser

① Erzähle zu den Bildern. Gib den Personen Namen.

② Kopfkino! Schließe die Augen. Lass die ganze
Geschichte wie einen Film ablaufen.
Welches Ende siehst du? Erzähle.

③ Vergleiche diese abschließenden Texte. Welche
Sätze gefallen dir? Was könnte besser sein?

> Das Nudelwasser kocht heftig über. Nun müssen
> Mutter und Sohn putzen. Die Mutter holt den
> Putzeimer, Tim holt den Lappen. Dann wischen
> sie den Herd sauber ab. Auch der Boden wurde
> schmutzig. Mutter überlegt, was noch zu tun ist.

> Sascha überlegt nicht
> lange. Er saust los und
> schiebt den Topf zur Seite.
> Das ist gerade noch einmal
> gut gegangen!

> Tim rennt zum Herd und zieht vorsichtig den Topf
> zur Seite. So ein Glück! Es ist nichts passiert.

④ Abschließende Sätze runden eine Geschichte ab.
Was ist damit gemeint?
Bildet Gruppen. Sammelt Sätze und Ausdrücke,
die gut zu dem Ende der Geschichte passen.

⑤ Fragen und Ausrufe machen die Geschichte
lebendig. Schreibe zu den Bildern.
Achte auf Sätze, die deine Geschichte gut beenden.

> Ist die Geschichte
> noch so bunt,
> **abschließende Sätze**
> machen sie erst **rund**.

Textekartei S. 126/9
S. 127/13

Schreiben   abschließende Sätze

Schäferhund

Dackel

Mops

Dalmatiner

Golden Retriever

Unterschiedliche Hunde

(1) Welche Fragen fallen dir zu diesem Bild ein?

(2) Lies die Begriffe in den Kreisen. Was weißt du über diese Hunderasse?

Gewicht:

Größe:

Farbe:

Fell:

Golden Retriever

Lebenserwartung:

Pflege:

Charakter:

Verwendung:
Familienhund

(3) In der Bücherei kannst du Bücher über Hunde ausleihen. Spielt, wie ihr **höflich** danach fragt.

Könnte ich bitte ...?   Wo finde ich bitte ...?   ...

(4) Informiere dich über eine Hunderasse. Du kannst eine Mind-Map [meintmäp] wie in Aufgabe 2 erstellen.

(5) Welche Hunderasse magst du am liebsten? In der Klasse 2b entstand dazu ein Diagramm.
DU + ICH Was könnt ihr aus dem Diagramm am Rand entnehmen? Überlegt gemeinsam. Wie sieht das für eure Klasse aus?

Schäferhund
Dackel
Golden Retriever
Mops
Dalmatiner
keine Rasse

Sprechen Informationen und Ergebnisse

Wortbaustein un-

1 Lies und erzähle von Polli.

Polli ist allein und sehr **un**glücklich.
Unruhig schaut er sich um.
Da purzelt er **un**geschickt
aus dem Körbchen. **Un**geduldig
sucht er Biancas **un**geputzten
Schuh. **Un**freundlich schüttelt er ihn hin
und her. Schau! Nun saust Polli **un**artig durch die
Wohnung.

2 Bianca kommt nach Hause. Jetzt ist Polli glücklich.
Schreibe den Text ohne den Wortbaustein un- .
Beginne so: Polli ist nicht allein und …

3 Wie verändert der Wortbaustein un- das Wort?
Spielt und erklärt: sanft – unsanft, weit – unweit,
sichtbar – unsichtbar, ordentlich – unordentlich,
bedeckt – unbedeckt, bequem – unbequem.

4 Sammelt weitere Wörter, die zu dem Wortbaustein
un- passen. Ihr könnt:
● die Wortpaare aufschreiben.
● Sätze zu diesen Wörtern bilden.
● zu den Wortpaaren spielen.
● die Wörter ordnen.
● die unterschiedliche Bedeutung erklären.

5 Was passt?

Kraut – Unkraut, Fall – Unfall, Glück – Unglück,
Sinn – Unsinn

Pablo hatte einen ___ .
Zum ___ wurde er nicht verletzt.
Polli macht nur ___ .
Mutter jätet im Garten das ___ .
Ergeben deine Sätze einen ___ ?

un- ist ein
Wortbaustein.
Er verändert den Sinn
der Wörter:

Glück – Unglück,
sanft – unsanft.

Doppelte Konsonanten

Wörterschule

wollen

Himmel

Mutter

Waffel*

müssen

sollen

Sommer

Sonne

Wetter*

1 Ordne die Lernwörter nach dem Abc.
Markiere die Aufpa **sss** tellen gelb. Was entdeckst du?

2 Finde zu jedem einsilbigen Wort das passende
zweisilbige: kann, muss, will, soll.

Schreibe so: kann – können, ...

3 Ordne die Lernwörter.
Suche in der Wörterliste ab Seite 130 oder in einem
Wörterbuch weitere passende Wörter.

ll: wollen, ...   pp: ...

mm: Himmel, ...   ss: ...

nn: ...   tt: ...

DU + ICH Vergleicht und besprecht eure Sammlungen:
- Wie viele Wörter habt ihr gemeinsam gefunden?
- In welcher Spalte stehen die meisten Wörter?
- Welche Spalte enthält die meisten Nomen,
  Verben ...

4 Schreibe den Text auf ein Blatt Papier. Ergänze die
Punkte (6). Beginne jeden Satz mit einer neuen Zeile.

Sommer

*Die Sonne scheint am Himmel Das
Wetter ist schön Herr und Frau Renner
müssen die Rosen schneiden Die Hunde
sollen im Wasser baden Da sind Mutter
und Tante Lilli Sie wollen Waffeln essen*

5 Mäppchendiktat → Seite 123/1
Schneide deine Sätze aus Aufgabe 4 in Satzstreifen
und übe so.

Wörter mit Sp/sp und St/st

① Sprich die Wörter aus der Wörterschule deutlich.
Welche Laute hörst du an den gelben Stellen?
Welche Buchstaben schreibst du? Erkläre.

② Ordne die Lernwörter so:

Sch, sch: schneiden, …

Sp, sp: sparen, …

St, st: …

Suche weitere Wörter in der Wörterliste ab Seite 130.

③ **S** (5), **s** (1) und **sch** (5) schmecken Struppi am besten.
Sprich und schreibe die Wörter vollständig auf.

④ **S**, **s** oder **Sch**, **sch**?
Achte auf den folgenden Buchstaben.

das ▢par▢wein, die Fri▢wur▢t, die ▢ule,
die ▢port▢tunde, der ▢metterling, die ▢teinzeit,
der Blei▢tift, der Blatt▢tängel, die ▢tern▢nuppe,
der Hecken▢trauch

▢warz, ▢till, ▢ön, ▢tehen, ▢nell, ▢tellen,
▢reiben, ▢neiden, wün▢en, mi▢en

⑤ Schreibe lustige Sätze mit den
Lernwörtern.

Beispiel: Frisch gewaschen und
gebürstet saust der schöne Struppi
in die Büsche.

fri **sch**
sch neiden
sch ön
sp aren
Sp ort
sp rechen
St ein
St unde
St ern
wün **sch** en

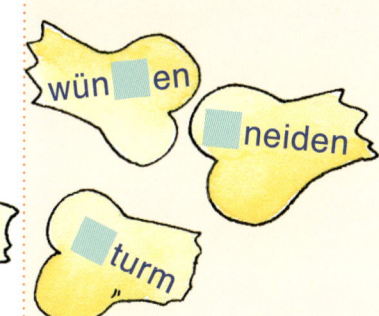

Ich höre schp →
ich schreibe **sp**!

Ich höre scht →
ich schreibe **st**!

Richtig schreiben   Schreibung und Aussprache

Mit Welpen rechnen

1 Erzähle zu diesem Bild eine Geschichte.

2 Im Bild hat sich eine Rechengeschichte versteckt.
Wie heißt sie?

Diese Wörter können dir helfen: Wiese, spielen, 12,
Hundewelpen, 5, rotes Halsband, blaues Halsband

3 Zu jeder Rechengeschichte gehört eine Rechenfrage.
Wie heißt hier die Rechenfrage? Mit welchen
Satzzeichen endet sie?

Wie viele Hunde tragen ein blaues Halsband?

Wem gehören die Hunde?

Findest du die Welpen niedlich?

Auf die Plätze, fertig, los – Satzanfänge schreibt man groß!

4 Schreibe die Rechengeschichte mit der Rechenfrage.
Löse die Aufgabe und finde auch den Antwortsatz.

5 Erfinde eine Rechengeschichte für **Unser
Sprachbuch**. Erstelle die Lösungsseite mit Bild.

Schreiben Rechengeschichten erstellen

Arbeitsroboter

(1) Auf dem Bild siehst du Roboter.
Welche Arbeit nehmen sie dem Menschen ab?

(2) Hier hat ein Roboter einen Satz an der falschen
Stelle eingebaut. **Der Satz hat fünf Wörter.**
Füge ihn an einer passenden Stelle ein.

Früher arbeiteten in Autofabriken viele Leute.
Sie werden von Computern gesteuert.
Heute sieht man dort wenige Menschen.
Roboter bauen die Autos.
Schnell schrauben und schweißen sie Teile zusammen.
Roboter machen auch andere schwere Arbeiten.

(3) Ein Roboter soll für dich morgen zur Schule gehen.
Was muss er tun? Erzähle der Reihe nach.

(4) Wie kannst du nachfragen? Finde weitere Beispiele.

Paul, ich habe dich nicht verstanden. Erkläre es mir
bitte noch einmal.
…
Danke, Paul.

Sprechen   Aussagen ordnen

Die Roboter kommen

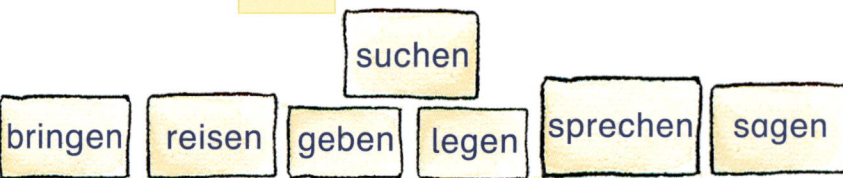

Wortbaustein ver-

suchen

bringen reisen geben legen sprechen sagen

1 Welchen Wortbaustein hält Tobo in der Hand?
Was kann er damit machen?

2 Hilf Tobo! Verbinde den Wortbaustein ver- mit den Verben.
Schreibe und umrahme so: bringen – ver bringen, …

3 Mit oder ohne den vorangestellten Wortbaustein
ver- ? Setze passend ein. Was fällt dir auf?

bringen: Wir   unsere Ferien bei Oma in Kroatien.
           Wir   die Sprachbücher mit.

laufen: Wir müssen schnell zur Schule   . Luis
          findet nicht nach Hause, er hat sich   .

blühen: Auf der Wiese   Butterblumen.
          In der Vase   sie leider sehr schnell.

4 Spielt zu diesen Verben:

kaufen – verkaufen, treten – vertreten,
achten – verachten, schreiben – verschreiben,
stehen – verstehen, rechnen – verrechnen,
raten – verraten, tragen – vertragen

5 Sammelt Verben, die zu dem Wortbaustein ver-
passen. Entscheide, wie du arbeiten willst. Du kannst
- die Verben aufschreiben wie in Aufgabe 2.
- mit den Verben Sätze bilden.
- nur Verben mit unterschiedlicher Bedeutung sammeln.
- zu den Verbpaaren spielen.
- die Verben ordnen.

Wortbaustein `vor-`

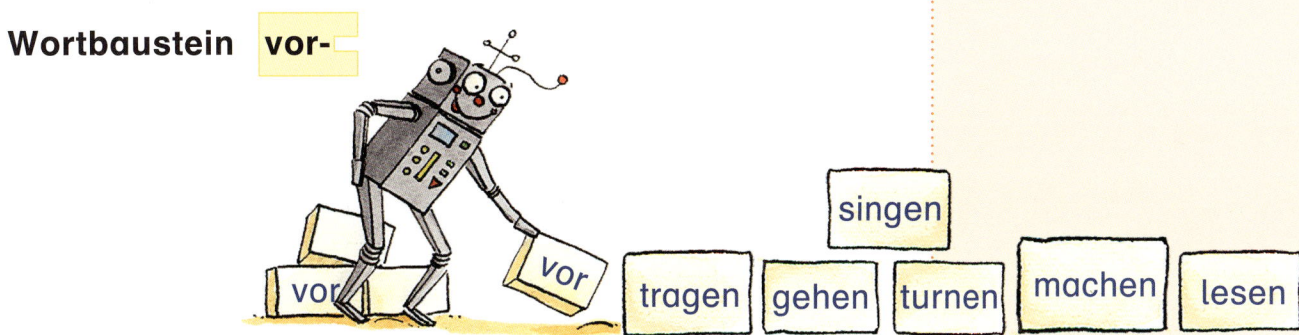

`vor` `vor` `tragen` `gehen` `turnen` `singen` `machen` `lesen`

① Was hat Tobo jetzt entdeckt? Erkläre.

② Verbinde den Wortbaustein `vor-` mit den Verben.
Schreibe und umrahme so: tragen – `vor` tragen, …
Erkläre die unterschiedliche Bedeutung der Wortpaare.

③ Mit oder ohne Wortbaustein `vor-`?
Setze passend ein und spielt zu den Sätzen.

stellen:　Ich möchte mich ____ : Ich heiße Bibu.
　　　　　Bibu ____ das Honigglas in das Regal.

führen:　Bianca ____ Polli an der Leine.
　　　　　Polli kann schon ein Kunststück ____ .

spielen:　Fabian kann ein Lied auf der Flöte ____ .
　　　　　Heute ____ wir Fußball.

schlagen:　Ich möchte dir ein Buch ____ .
　　　　　Du sollst niemanden ____ .

④ Was geschieht hier mit dem Wortbaustein `vor-`?
Setze ein und erkläre.

vorspielen:　Die Klasse 2b ____ ein Theaterstück ____ .
vortragen:　Heute ____ Luisa ein Gedicht ____ .
vorstellen:　Der Lehrer ____ sich ____ .
vorzeigen:　Sara ____ ihre Fahrkarte ____ .
vorbereiten:　Mutter ____ das Essen ____ .

`ver-` und `vor-`
sind **Wortbausteine**.
Sie können die
Bedeutung der
Verben ändern.

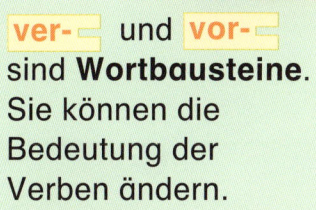

⑤ Sammelt Wortpaare zu den Wortbausteinen `ver-` ,
`vor-` und `un-` . Schreibt die Wörter auf Kärtchen und
spielt nach den Memory-Regeln.

`vorsagen` `kaufen` `sagen` `unreif` `reif` `verkaufen`

To-bo turnt täg-lich mit Tan-te Ti-na.

Robotersprache

Wörterschule

antworten

baden

böse

Gemüse

rechnen

reden

Tante

Telefon

Tomate

① Roboter Tobo spricht in Silben. Sprecht die Lernwörter in der Robotersprache und bewegt euch dazu wie ein Roboter.

② Heute ist Tobo ganz durcheinander. Schreibe die Wörter richtig auf.

matenTobrot, vernenrech, bitseböter, worantten, sestandmüGe, seBahode, denre, lemerTefonnum, tenPatetan, lenvorstel, seKlas, reiAufento, geungenzo

③ Welche Wörter entstehen? Schreibe auf.

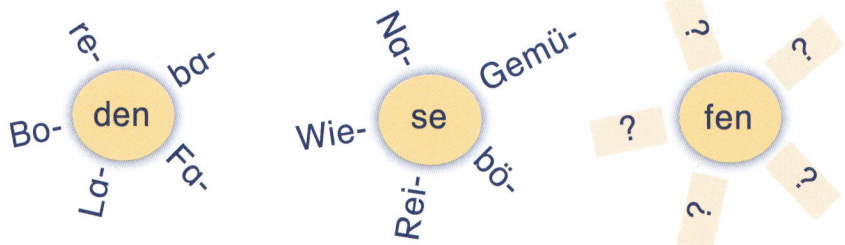

re-   ba-
Bo-   **den**   Fa-
La-

Na-   Gemü-
Wie-   **se**   bö-
Rei-

?   ?
?   **fen**
?   ?   ?

④ Überlege dir ein Wort und schicke es als Flüsterpost durch die Klasse. Wenn es ankommt, sprechen alle Kinder das Wort in Robotersprache und bewegen sich dazu.

⑤ Welche Wörter (16) schreibst du groß?

tobo

tobo ist tante tinas arbeitsroboter.
er badet das haustier und erntet tomaten.
er rechnet mit den kindern.
er antwortet am telefon und redet mit dem hund.
heute kocht er für alle gemüse.
tobo ist nie böse.

Auf die Plätze, fertig los – **Satzanfänge** und **Nomen** 👆 ddd MZ schreibt man **groß**!

Richtig schreiben   silbisches Mitsprechen

A H Seite 41, 42

Kinderprogramme

WOCHENPROGRAMM:  Radio-Bibu

MONTAG
9:40 Uhr   Wer hat in dieser Woche Geburtstag?
9:50 Uhr   Nachrichten von Kindern für Kinder

DIENSTAG
9:45 Uhr   Lach dich krumm!
– 10 Uhr   Kinder der Klasse 2c erzählen Witze.

MITTWOCH
11:30 Uhr   Pausenhof - Ordnung
– 11:45 Uhr   Wer hilft mit?

DONNERSTAG
9. 40 Uhr   Unsere Haustiere
– 10 Uhr   Wie pflegt man einen Hasen?
Emma bringt Muckel mit in die Schule.

FREITAG
9. 45 Uhr   Schatzsuche
Unser Hausmeister
gibt Tipps, wo er diesmal
den Schatz versteckt hat.

① Welches Kinderprogramm hast du in der letzten
Woche im Fernsehen gesehen oder im Radio gehört?
Erzähle davon.

② Zeichne die Tabelle. Schreibe in die Spalten, was du
gerne hörst und siehst. Vergleicht anschließend eure
Tabellen und sprecht darüber.

Radio	CD	Fernsehen	Kino

③ Nicht alle Sendungen im Fernsehen oder im Radio
sind für Kinder geeignet. Warum nicht?

④ Gestaltet eine eigene Sendung für das Schulradio
oder das Schulfernsehen.

Tipps: Interview, Umfrage, Sportsendung,
Musikwettbewerb, Nachrichten, Wetterbericht,
Freizeittipps, Kochsendung …

⑤ Mit einem Werbeplakat könnt ihr zu eurer Sendung
einladen. Wie kann das Plakat aussehen?
Was soll darauf stehen?

Schreiben Texte gestalten

73

Zu viele Wünsche

1. Was wünschen sich Luis und Juline?

   Luis wünscht sich …
   Juline möchte …

2. Welche Wünsche hast du?

3. Die Eltern der beiden sind nicht mit allen Wünschen einverstanden. Kannst du dir denken, was die Eltern sagen?

   Eine neue Spielkonsole ist …
   Ein Pferd …

   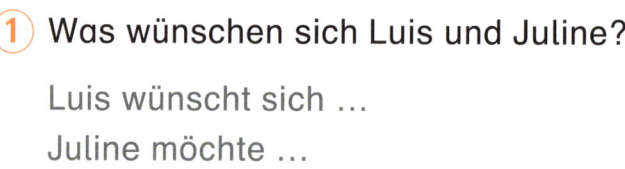

4. Spielt Luis, Juline und die Eltern. Wählt jeweils einen Gegenstand aus und begründet euren Wunsch.

   Ich wünsche mir ein Pferd, weil …
   Ich hätte gerne eine Kletterausrüstung, damit …

5. Es gibt Wünsche, die man nicht mit Geld erfüllen kann. Welche Wünsche können das sein?

Was kannst du tun?

1 Der dicke König Möchteviel
hat viele Wünsche.
Den ganzen Tag befiehlt er
seinem armen Diener Humpelbein.

Ergänze die Sätze.

Humpelbein, du bringst sofort meine Schuhe!
Humpelbein, du kochst jetzt ein Ei!
Humpelbein, du schreibst ...   du rufst ...   du holst ...

2 Du bist der König. Was soll dein Diener tun?
Bildet zu den Verben Sätze. Sprecht wie in Aufgabe 1.

malen, streichen, denken, kaufen, danken, turnen,

hüpfen, gehen, rollen, trinken, stellen, üben.

3 Schreibe die Verben aus Aufgabe 2.
Bilde jeweils die Du-Form. Umrahme die Endungen.
Was fällt dir auf?

Schreibe so: mal en – du mal st, ...

4 Vervollständigt die Satzpaare und vergleicht.
Wie möchtest du angesprochen werden?
Mit welchen Sätzen kannst du mehr erreichen?

Du bringst mir ein Eis! ⟶ Bringst du mir bitte ein Eis?

Gib mir das Buch! ⟶ Gibst du mir bitte ...

Ruhe jetzt! ⟶ Könntest du etwas ...

Her mit der Schokolade! → ...

Hol mir meine Jacke! ⟶ ...

Hau ab! ⟶ ...

5 Manchmal ist es für dich wichtig, nicht so freundlich
zu sprechen. Überlegt in der Gruppe, wann das sein
kann. Tragt eure Beispiele vor.

> **Verben: Du-Form**
>
> Nimm die Endung
> **-en** weg und setze
> **-st** an diesen Fleck:
> bring en – du bring st

Wer gewinnt?

Überraschungsgruppen

Alle Kinder bewegen sich frei im Raum (Klassenzimmer, Flur oder Turnhalle). Jedes Kind spielt eines dieser Wörter: hüpfen, schwimmen, liegen, fliegen. Die Kinder, die das gleiche Wort spielen, kommen zusammen und bilden eine Gruppe.

1 Welche Regel entdeckst du?

spielen – er spiel *t*   fliegen – es flieg ▢

lernen – sie lern ▢   heißen – er heiß ▢

klingen – es kling ▢   stehen – sie steh ▢

scheinen – er schein ▢   malen – es mal ▢

singen – sie sing ▢   regnen – er regne ▢

Schreibe und markiere so: spiel**en** – er spiel **t**

> Bei **Verben** können sich die **Endungen** ändern:
>
> ich spiel**e**,
> du spiel**st**,
> er spiel **t**,
> wir spiel**en**.

2 Schreibe lustige Sätze.

Der Schuh	schießt	schnell.
Das Tor	bremst	besonders laut.
Die Pfeife	stoppt	gegen die Wand.
	ruft	
	klingt	
	fliegt	
	beginnt	

3 Verben (9) verändern sich.
Schreibe die Sätze richtig auf.

Luis freuen sich.
Heute beginnen das Turnier.
Der Torwart stehen bereits auf dem Platz.
Plötzlich regnen es. Eine Pfütze bremsen den Ball.
Doch bald scheinen die Sonne wieder.
Da! Der Torwart stoppen den Ball nicht.
Ich schießen ein Tor. Du rufen: Bravo!

Wörter mit V/v

1 Schreibe die Lösungswörter auf.
Die Wörterschule hilft dir.

Gegenteil von **wenig** [____]

Mutter und [____]   Die Amsel ist ein [____].

Blumen sind in einer [____].   Gegenteil von **hinter** [____]

2 Beim Schreiben können wir **V/v** leicht
mit anderen Buchstaben verwechseln.
Erkläre.
Wie kannst du die Wörter üben?
Nenne Beispiele.

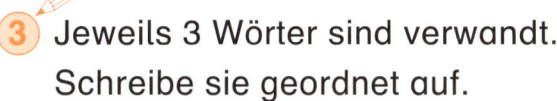

3 Jeweils 3 Wörter sind verwandt.
Schreibe sie geordnet auf.

Vater, väterlich, Vase, viel, Vielfaches, vorsingen, vor
Vogelscheuche, vorsichtig, Glasvase, vasenförmig,
Vatertag, Vogelfutter, Vogel, vielleicht

4 Bilde lustige Sätze, in denen viele Wörter
mit **V/v** beginnen.

Beispiel: Vaters Vogel verliert viele Vasen.

5 Schreibe den Text vollständig auf.
Setze ein: **V** (5), **v** (2), **f** (2).

Julines Vögel

Im Käfig sind Julines brave [__]ögel.
Das Kind hat sie von seinem [__]ater bekommen.
Heute gibt sie den Tieren
[__]iele Körner und
[__]risches Wasser.
Juline [__]ersucht, mit
den [__]ögeln zu reden.
Die [__]ögel [__]liegen
gerne auf die große [__]ase.

A H Seite 43, 44

Wörterschule

davor*
Vampir*
Vase
Vater
viel
Vogel
vom*
von
vor
vorher*

Rechtschreib-Trick:

Ich übe die Wörter
und merke sie mir,
besondere Stellen
sage ich dir:
Vater – mit Vogel-V.

Richtig schreiben Wörter mit V/v

77

Drei Wünsche

Juline streicht mit dem
Finger über den Glasrand.
Töne erklingen.
Ein Geist erscheint und flüstert:
„Du hast drei Wünsche frei."

1 Du hast ein feines, bauchiges Glas.
Darin ist etwas Wasser. Mit einem nassen Zeigefinger
streichst du immer wieder am Glasrand entlang.
Schließe die Augen und lausche den Tönen.
Woran denkst du?

2 Schreibe Julines Geschichte weiter.
Die Textekartei auf den Seiten 125 bis 128 hilft dir.

3 Geschichtenkreis ➜ Seite 128
Lies deine Geschichte in der Gruppe vor.
Sprecht über den Text:
- Satzanfänge
- unterschiedliche Verben
- Fragen und Ausrufe
- abschließende Sätze

Überarbeite deinen Text.

4 Male einen großen Geist und schreibe deinen
überarbeiteten Text in den Geist.

Unterwegs zu guten Geschichten!

Gute Tipps helfen mit!

Textekartei ➜ S. 128

Schreiben kreative Texte überarbeiten

① Acht auf den markierten Laut. Ordne die Wörter.

Ecke, Ofen, baden, Sohle, krank, sollen, Esel,
Dose, offen, Hüte, rollen, Wagen, Hütte, knallen

langer Laut: 〰

kurzer Laut: 〰

② **S/s** oder **Sch/sch**? Schreibe die Wörter richtig auf.
Unterstreiche danach alle Verben.

〰 port, 〰 treiten, 〰 paren, 〰 lafen, 〰 till, 〰 tunde, 〰 prechen,

〰 trauch, 〰 pielen, 〰 ere, 〰 tehen, 〰 ön, 〰 terne, 〰 reiben

③ Verbinde die Wortbausteine ⬚ver- ⬚vor- ⬚un-
mit den Wörtern: laufen, raten, spielen, stellen, gesund, sichtbar.
Setze die passenden Wörter ein.

Zur Sommerzeit müssen wir die Uhren um eine Stunde 〰 .

Luft ist 〰 .

Hänsel und Gretel 〰 sich im Wald.

Ich 〰 dir ein Geheimnis.

Heute wird Bianca auf der Geige 〰 .

Es ist 〰 , zu viel Schokolade zu essen.

④ Schreibe jedes Wort in Silben getrennt auf.
Schreibe auch den Artikel.
Beispiel: die Tie-re

Tomatensalat, Klassenzimmer, Puppe, Kalenderblatt,
Füllerkappe, Ampel, Wassertemperatur, Sonne

⑤ Setze **V/v** oder **F/f** richtig ein. Schreibe die Sätze auf.

Am Himmel 〰 liegen 〰 iele 〰 ögel.
Tante Tina redet mit 〰 ater am Telefon.
Fabian trinkt eine 〰 lasche Sa 〰 t.
Ein 〰 ernseher steht au 〰 dem Tisch.
Der Roboter 〰 indet einen Sti 〰 t 〰 or dem 〰 enster.

Unterstreiche Wichtiges!

Hier findest du die Lösungen zu Seite 79.

→ S. 61 ① Achte immer auf den markierten Laut.
Ordne die Wörter.
langer Laut: Ofen, Sohle, Wagen, Esel, Dose, Hüte, baden
kurzer Laut: offen, sollen, krank, Ecke, rollen, Hütte, knallen

→ S. 67 ② **S/s** oder **Sch/sch**? Schreibe die Wörter richtig auf.
Unterstreiche alle Verben.
Sport, streiten, sparen, schlafen, still, Stunde, sprechen,
Strauch, spielen, Schere, stehen, schön, Sterne, schreiben

→ S. 71 ③ Verbinde die Wortbausteine ver- vor- un-
mit den Wörtern: laufen, raten, spielen, stellen, gesund, sichtbar.
Setze die passenden Wörter ein.

Zur Sommerzeit müssen wir die Uhren um eine Stunde *vorstellen*.
Luft ist *unsichtbar*.
Hänsel und Gretel *verlaufen* sich im Wald.
Ich *verrate* dir ein Geheimnis.
Heute wird Bianca auf der Geige *vorspielen*.
Es ist *ungesund*, zu viel Schokolade zu essen.

→ S. 62 ④ Schreibe jedes Wort in Silben getrennt auf. Schreibe auch den Artikel.
Beispiel: **die Tie-re**
der To-ma-ten-sa-lat, das Klas-sen-zim-mer, die Pup-pe,
das Ka-len-der-blatt, die Fül-ler-kap-pe, die Am-pel,
die Was-ser-tem-pe-ra-tur, die Son-ne

→ S. 77 ⑤ Setze **V/v** oder **F/f** richtig ein. Schreibe die Sätze auf.

Am Himmel fliegen viele Vögel.
Tante Tina redet mit Vater am Telefon.
Fabian trinkt eine Flasche Saft.
Ein Fernseher steht auf dem Tisch.
Der Roboter findet einen Stift vor dem Fenster.

Du glaubst, du musst noch üben? Die grünen → Seitenangaben sagen dir, wo.

Bist du mit deinem Ergebnis zufrieden?
Male zu deinen Aufgaben passend: ☺ 😐 ☹
😐 ☹ Wie willst du üben?
Sprich auch mit deiner Lehrerin, deinem Lehrer.

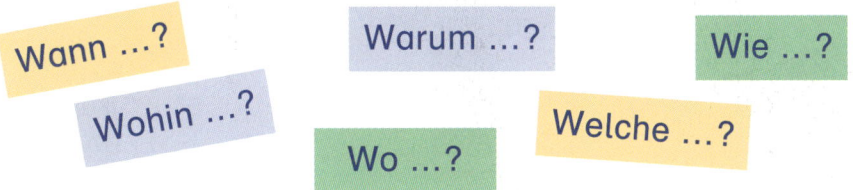

Zugvögel

1 Viele unserer Vögel verbringen den Winter in wärmeren Ländern. Weißt du, warum?

2 Wie kannst du mehr über Zugvögel erfahren? Stelle Fragen. Diese Wörter helfen dir:

Wann ...?

Warum ...?

Wie ...?

Wohin ...?

Wo ...?

Welche ...?

3 Hier findest du einige Antworten:

Im Herbst fliegen viele Vögel an wärmere Orte.

Sie kennen ihren Weg genau.

Diese Vögel heißen Zugvögel.

Der Kranich, der Storch, der Kuckuck, die Nachtigall, der Star und einige Amseln ziehen nach Afrika, Spanien, Frankreich oder Italien.

In diesen wärmeren Ländern verbringen sie den Winter.

Dort finden sie reichlich Futter.

Im Frühling kommen die Zugvögel wieder zu uns zurück.

4 **DU + ICH** Wählt einen Zugvogel. Überlegt: Wo könnt ihr etwas über den Vogel erfahren? Sammelt Informationen und Bilder und stellt sie in der Klasse vor.

Wissen wollen
Was heißt denn das?
Wer macht jetzt was?
Wann wird das sein?
Wie viel ist klein?
Weshalb und wo?
Wieso nicht so?
Warum denn nicht?
Was heißt hier Wicht?

Gabriele Willbrandt

Sprechen zu Sachverhalten informieren

Ein besonderer Baum

wir schreiben

du schreibst

er schreibt
sie schreibt
es schreibt

ihr schreibt

ich schreibe

sie schreiben

ruf

mal

turn

reis

geh

Wortstamm

Der Wortstamm im Baumstamm

1 Ein Verb besteht meistens aus zwei Wortbausteinen:
Wortstamm und **Endung**.

ICH▸ Schau dir dazu den Baum auf Seite 82 genau an.
Wie erkennst du die Wortstämme, wie die Endungen?

2 **DU + ICH▸** Sprich darüber mit einem anderen Kind.
Vergleicht eure Erklärungen.
Was alles findet ihr noch gemeinsam heraus?

3 **WIR▸** Stellt eure Ergebnisse in der Klasse vor.
Was haben andere über den Wortstamm und die
Endungen entdeckt? Stimmen eure Überlegungen?

4 Schreibe die Verbformen in den Ästen auf Seite 82
untereinander auf. Welcher Wortbaustein bleibt immer
gleich? Umrahme ihn braun.

ich   schreib e
du
er
sie
es
wir
ihr
sie

5 Bilde die Verbformen zu den Wortstämmen am Baum.
Schreibe und umrahme wie in Aufgabe 4.

6 Markiere in den Verben von Aufgabe 5 die Endungen
hinter dem Wortstamm gelb. Was fällt dir auf?
Passt das bei allen Verben? Findest du Ausnahmen?

ich   e   wir   en

du   st   ihr   t

er, sie, es   t   sie   en

Ich schneide vom
Verb die Endung ab,
damit ich gleich den
Wortstamm hab:
hör|en – er hör|t.

Wörterschule

brauchen

gehen

holen

hören

reisen

rufen

turnen

winken*

Wortbausteine

1 Schreibe jedes Verb aus der Wörterschule in der Wir-Form und in der Ich-Form auf.
Umrahme den Wortstamm braun.

wir brauch en, ich brauch e

2 Schreibe die Verben vom Rand so und markiere die Wortbausteine am Ende gelb:

brauchen: ich brauch**e**, du brauch**st**, er brauch**t**,
sie brauch**t**, es brauch**t**, wir brauch**en**

3 Bilde Sätze mit den Verben aus der Wörterschule.

4 **Verbtest:** ich   **Nomentest:** ✋ ddd MZ

Entdecke die Verben. Die Ich-Form hilft dir. Ordne so:

Verben (10): ich lese, ich ...
Nomen (8): April, ...
Artikel (3): ein, ...
andere Wörter (10): aber, ...

lesen, April, ein, aber, nein, leben, fragen, Stein,
Clown, über, die, denken, baden, Gabel, Euro, leise,
bauen, weil, sprechen, das, Wiese, hart, laufen, nun,
zeigen, alle, schon, nein, kichern, Hund, Montag

5 Ergänze die fehlenden Wortbausteine:
e (3), **t** (5), **en** (1).

Auf dem Schulweg

Ich hol___ meinen Freund Elias ab.
Er wink___ und ruf___: „Ich brauch___
noch meine Sporttasche." Nun geh___
wir zur Schule. Dabei rede___ Elias über
die Ferien. Er reis___ mit seiner Familie nach
Griechenland. Da hör___ ich einen Vogel.
Eine Amsel turn___ auf dem Zaun.

Verbtest: ich
Die Wortart **Verb** sagt mir nun, was kann ich machen oder tun: Ich lache.

A H Seite 47, 48

Jetzt wird es spannend!

① In Tinas Garten nisten junge Amseln.
Die Amseleltern sind gerade auf Futtersuche.
Was geschieht? Erzähle.

② Tina und ihre Geschwister schreiben dazu jeweils
eine Geschichte. Lies die Textausschnitte.
Welche Geschichte scheint spannend zu sein?
Was findest du nicht so spannend? Begründe.

... Plötzlich schleicht
unser Kater Mucki heran.
Jetzt setzt er seine Pfote
auf den Baumstamm.
Sofort stürme ich aufgeregt
nach draußen. ...

... Auf einmal entdecke
ich Mucki, unseren
Kater. Oh Schreck!
Er will zu dem
Vogelnest klettern.
Bestimmt kann er ...

... Unsere Kater
Mucki ist im
Garten. Er schaut
zu dem Vogelnest.
Dort sind die
jungen Vögel. ...

③ **DU + ICH** Schaut gemeinsam eure Geschichtenbücher
durch. Sammelt Wörter und Textstellen, die eine
Geschichte lebendig und spannend werden lassen.
WIR Vergleicht eure Sammlungen und erstellt eine
Plakat mit „Spannungswörtern". ➜ Seite 126/9, 127/12

Da ...
Plötzlich ...
Auf einmal ...
Oh je!
Heimlich ...

Schreiben überraschende Ereignisse

85

In der Natur

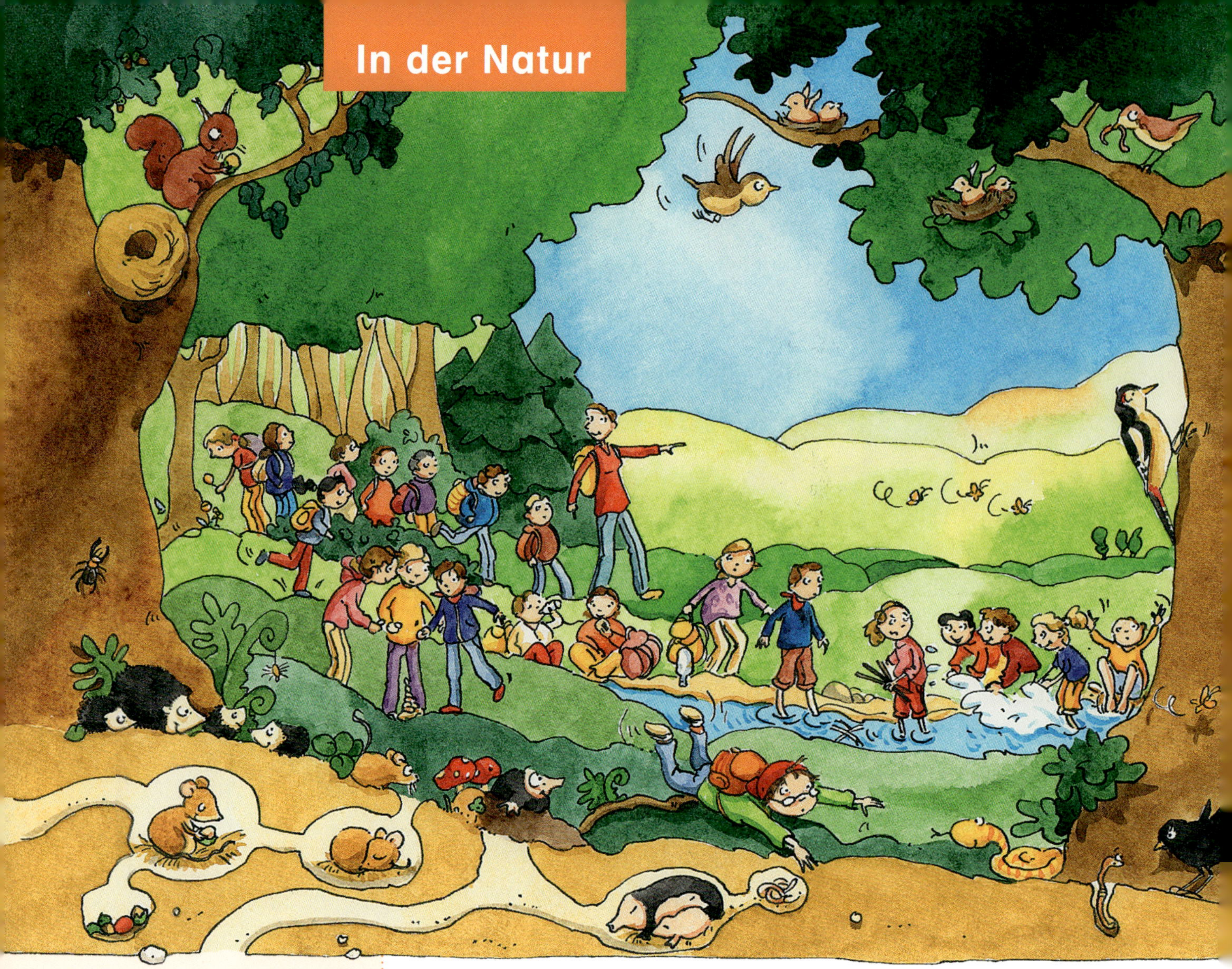

Pflanzen und Tiere

1. Betrachte das Bild.
Welche Fragen fallen dir dazu ein?

2. Was kannst du beim Wandern in der Natur erleben?

In der Natur sehe ich…
Ich höre… Oft rieche ich… Manchmal fühle ich…
Ich träume von…

3. Die Natur ist für Menschen und Tiere wichtig. Bildet Gruppen. Sprecht darüber. Die Stichwörter vom Rand können euch helfen.

4. Stell dir vor, du bist eine Ameise (Specht, Maus...) in diesem Bild. Was erlebst du? Erzähle.
Wer kann dein Tier erraten?

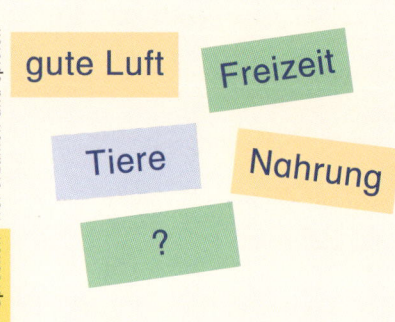

gute Luft

Freizeit

Tiere

Nahrung

?

Tiere und Pflanzen in der Natur

① Was kannst du im Bild nur einmal sehen?
Was kannst du im Bild mehrmals sehen?

② Schau an den Rand. Ordne die Wörter in die Spalten.

der Baum, die Äste, die Hasen, der Vogel, das Nest,
die Mäuse, die Ameise, die Blume, die Maus, die
Bäume, die Igel, die Nester, der Ast, der Hase, die
Blumen, der Igel, die Vögel, die Ameisen

③ Was entdeckst du noch auf dem Bild? Ergänze deine
Tabelle. Die Wortliste ab Seite 130 hilft dir dabei.

④ Vergleiche beide Spalten.
Welchen Artikel haben die Nomen, die in der Mehrzahl
stehen? Umkreise in deinem Heft diesen Artikel.

Nomen in der
Einzahl haben
die Artikel
der, **die**, **das**.

Nomen in der
Mehrzahl haben
nur den Artikel **die**.

Wörterschule

Ast*
Gras
Frucht*
Apfel
Hand*
Haus
Maus
Nacht*
Saft*

Umlaute bei Nomen

1 Ordne die Wörter vom Rand.
Wie hast du sie geordnet? Begründe.

2 Schreibe immer ein Lernwort auf und zaubere mit
deinem Stift aus der Einzahl die Mehrzahl.

Zaubere so:  **Äste**

3 In Aufgabe 2 hast du Buchstaben und Laute
umgewandelt. Was entsteht aus **a**, **o**, **u**, was aus **au**?
Wie heißen diese Laute? Umlaute

4 Reime in der Einzahl und in der Mehrzahl.
Ergänze die Artikel: das Gras, die ...

Gras – Gräser	Hand – Hä▢	Frucht – Frü▢
Gl▢ – Gl▢	W▢ – W▢	S▢ – S▢

Maus – Mäu▢	Nacht – Nä▢	Kopf – Kö▢
L▢ – L▢	Sch▢ – Sch▢	T▢ – T▢

Das sind Umlaute:
ä, **ö**, **ü**.

5 Entdecke Fehler (8). Schreibe richtig auf.

In der Nacht

*Es ist fast Nächt.
Paul und ich sind vor
dem Haus. Mit den Handen
tasten wir nach den Apfeln.
Wir reden kein Wört. Da!
Zwischen den Grasern und Asten
laufen kleine Mause. Ob sie auch
die saftigen Fruchte suchen?*

Umlaute bei Verben und anderen Wörtern

1 Schreibe die Verben (7) vom Rand mit Bleistift auf.
Dann zaubere aus der Wir-Form die Sie-Form.

fangen    **sie fängt**

2 Schreibe zu jeder Sie-Form die Wir-Form.
Kreise den Wortstamm ein. Was entdeckst du?

sie läuft   – *wir laufen*   sie schlägt – *wir*

sie schläft –   sie fängt   –

sie wäscht –   sie fällt   –

sie wärmt –   sie rät   –

sie hält   –   sie fällt   –

3 Finde die verwandten Wortpaare.
Schreibe so: kalt – kälter, …

kalt, warm, kälter, hart, krank, wärmer, kränker, älter,
ärmlich, alt, bläulich, bräunlich, arm, blau, braun,
klüger, gräulich, größer, grau, groß, härter, klug

4 **ä** (5) oder **e** (2)? **äu** (1) oder **eu** (2)?
Das verwandte Wort verrät es dir.
Schreibe beide Wörter auf.

er gr___bt   – graben   sie d___nkt – denken
er tr___gt   – tragen   sie br___t – braten
er h___lt   – heulen   sie f___hrt – fahren
er w___chst – wachsen   sie l___rnt – lernen
er l___chtet – leuchten   sie s___ft – saufen

Zeigespiel
Ein Kind zeigt an sich
Körperteile, von denen es
mehrere hat. Die anderen
Kinder nennen die passende
Einzahl und Mehrzahl dazu.

Wörterschule

fallen*
fangen*
halten*
hart*
kalt*
laufen
raten*
schlafen
warm*
waschen*

Zu Wörtern mit **ä**,
das ist mir bekannt,
sind Wörter mit **a**
häufig verwandt.

Verändere den
Merksatz für Wörter
mit **äu**.

Das Häschen

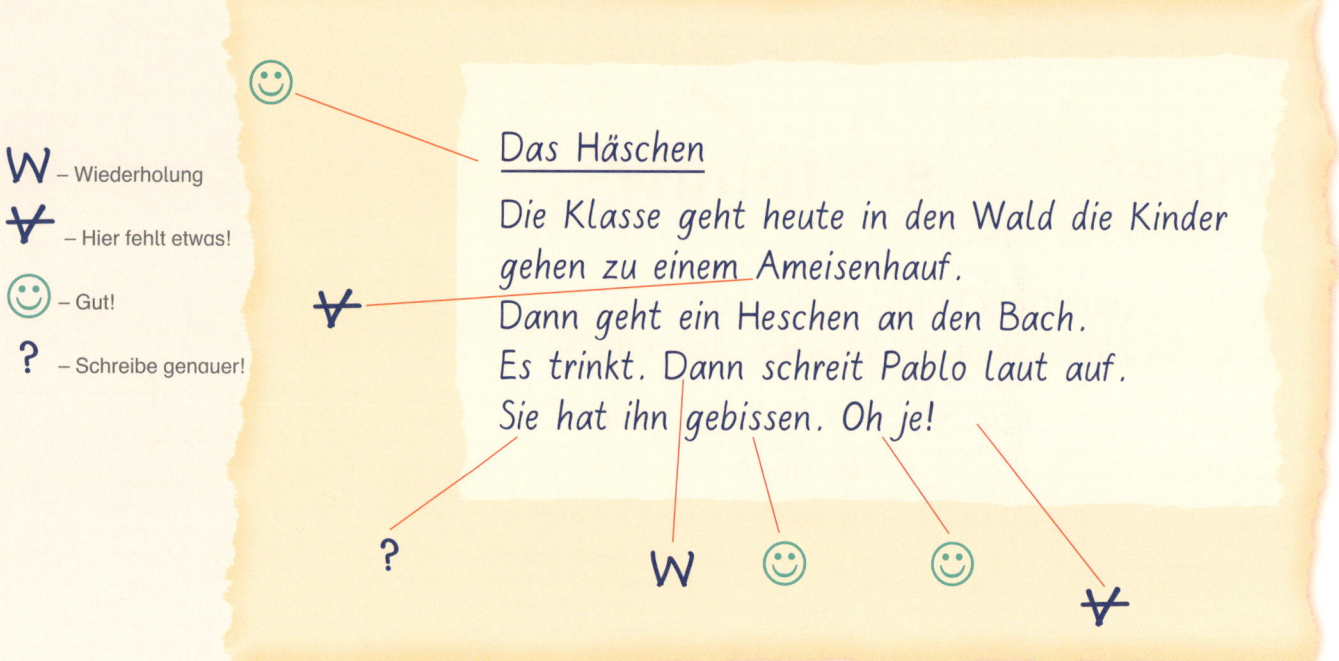

W – Wiederholung

⩝ – Hier fehlt etwas!

☺ – Gut!

? – Schreibe genauer!

Das Häschen

Die Klasse geht heute in den Wald die Kinder
gehen zu einem Ameisenhauf.
Dann geht ein Heschen an den Bach.
Es trinkt. Dann schreit Pablo laut auf.
Sie hat ihn gebissen. Oh je!

① Randbemerkungen ➜ Seite 128
Lies Saras Text. Welche Tipps schreiben die Kinder
aus Saras Klasse an den Rand? Erkläre.

② Sicher fällt dir noch mehr in Saras Geschichte auf.
Welche Fehler entdeckst du?
Welche Tipps möchtest du noch geben?

③ Verbessere Saras Geschichte.

④ Welche Tipps merkst
du dir für deine
Geschichte?

Unterwegs
zu guten
Texten.

Gute Tipps helfen mit!

Schreiben Texte überarbeiten

Lea ist anders

1. Im Supermarkt siehst du Menschen, die einkaufen.
   Schau das Bild genau an. Erzähle.

2. Beschreibe, wie die Menschen sind,
   die hier einkaufen. Diese Wörter helfen dir:
   neugierig, freundlich, geduldig, unfreundlich,
   langsam, lustig, unhöflich, hilfsbereit, höflich,
   nett, ungeduldig.

3. Lea ist ein 8-jähriges Mädchen mit Down-Syndrom.
   Deshalb spricht und denkt sie langsam. Sie sieht
   auch etwas anders aus. Hier übt Lea das Einkaufen.
   Es ist ihr wichtig, höflich zu sein.
   Woran merkst du das?

4. Was sagst du beim Einkaufen?
   Spielt, wie ihr höflich einkauft.

5. Überlegt in der Gruppe, wann ihr
   „Bitte!" und „Danke!" sagen könnt.
   Findet Beispiele: beim Frühstück,
   in der Schule, beim Spielen …

> Mit **„Bitte"**
> und **„Danke"**
> kommst du weit,
> denn jeder mag
> deine **Höflichkeit**.

Sprechen bitten, danken, entschuldigen

91

Wie Menschen sind

1 Lies den Text. Finde in jedem Satz ein Wort, das Lea beschreibt.

Lea ist höflich.
Fast immer ist sie freundlich.
Manchmal ist sie laut.
Sie ist etwas langsam.
In der Schule ist sie geduldig.
„Sie ist nett", sagen die Menschen, die Lea kennen.

2 Du kennst verschiedene Menschen:
Freund, Freundin, Schwester, Bruder, Onkel, Tante, Nachbarin, Arzt, …

Beschreibe drei Menschen, die du kennst.
Die Wörter am Rand helfen dir dabei.
Schreibe so: Wie ist mein Freund? Mein Freund ist …

3 > Wörter, die sagen, wie Menschen sind, nennen wir **Adjektive**.

Schreibe zehn Adjektive, die dir gefallen.

4 Ergänze die Sätze. Verwende den Namen eines Menschen, den du magst.

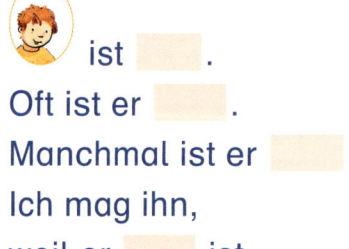 ist ___.
Oft ist er ___.
Manchmal ist er ___.
Ich mag ihn,
weil er ___ ist.

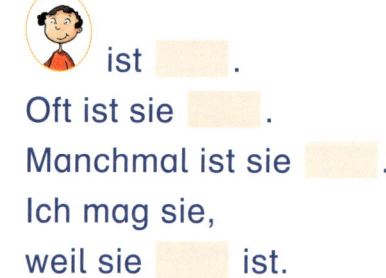 ist ___.
Oft ist sie ___.
Manchmal ist sie ___.
Ich mag sie,
weil sie ___ ist.

5 **Adjektivtest:** Wie?

So kannst du nach Adjektiven fragen:
Wie ist …?   Wie sind …?

In Aufgabe 1 findest du viele Adjektive (6).
Frage nach diesen Wörtern und schreibe sie auf.

wild
jung
schlank
fröhlich
schlau
still
ernst groß
ehrlich
hübsch
sanft
schnell
lustig
stark hilfsbereit
traurig
frech

Adjektivtest: Wie?

Wie ist …?
Wie sind …?
so muss ich fragen
und kann das
Adjektiv dir sagen.

Sprache untersuchen Adjektive

92

6 Schreibe das Gegenteil. Die Adjektive am Rand helfen.

gesund, böse, schwarz, schwer, trocken, hässlich, eng, dunkel, alt, klein, stark

Schreibe so: gesund – krank, …

gut groß weit
schwach weiß
leicht krank jung
nass hell
schön

7 Wörter verändern sich. Was ist anders?

Schreibe so:

Der Läufer ist schnell: *der schnelle Läufer*

Moritz ist klug: …   Das Baby ist müde: …
Lea ist stark: …   Die Frau ist groß: …

8 Male zwei unterschiedliche Männer beim Einkaufen.
Schreibe zu jedem Bild passende Adjektive vom Rand.

> Ein Mann ist groß und dünn.
> Er schaut traurig, seine Kleidung ist dunkel.
> Er schiebt einen kleinen Einkaufswagen.

> Der andere Mann ist klein und dick. Er lacht.
> Seine Kleidung ist lustig.
> Er trägt einen großen Einkaufskorb.

groß, klein,
dick, dünn,
schwer, leicht,
kräftig, schwach,
ernst, heiter,
rot, grün …

9 **Nomentest:**  **Verbtest:** **Adjektivtest:**

Nomen (5): Verkäuferin, …   Verben (6): bezahlen, …
Adjektive (7): still, …

still   zählen   alt   lieb   klein   helfen   danken   bitten   schön
krank
Verkäuferin   Sohn   Stuhl   leicht   Junge   Lexikon   schneiden   bezahlen

10 Überlege dir zu deinem Namen Adjektive.

L USTIG   S CHÖN
U LKIG   A LBERN
I NTERESSIERT   R UHIG
S PORTLICH   A RTIG

Das ist ja ein Akrostichon!

Wörterschule

Frühling
Jahr
mehr*
Uhr
zählen
Zahl
zahlen
Zahn

Stummes -h

① Lies die Wörter in der Wörterschule.
Welchen Buchstaben hörst du in jedem Wort nicht?

② Schreibe die Lernwörter auf. Markiere jedes stumme
h und den Vokal davor gelb.

Sprich so dazu: **Fr üh ling** mit **üh**.

③ Die Wörter sind verwischt. Schreibe richtig auf.

zählen   Zahn   Zahl   Uhr

Jahr   zahlen   Frühling   mehr

④ Finde die verwandten Wörter. Kennzeichne jeweils
das stumme **-h** und den Buchstaben davor gelb.

Schreibe so: m eh hr – die M eh rzahl, …

mehr, die Zähne, die Jahreszeiten, der Frühling, die
Mehrzahl, die Frühlingssonne, zählen, der Zahnarzt,
die Zahl, die Uhr, zahlen, der Uhrzeiger, das Jahr

⑤ Schreibe den Text als Schleichdiktat. ➜ Seite 123/2

Frühling

Ich mag | die Jahreszeit | Frühling. |
Im Garten zähle | ich schon viele | Blumen. |
Meine Katze hat | Babys bekommen. |
Sie haben spitze | Zähne. |
Oh je! | Sie haben | meine Uhr gefunden. |
Nun kann ich | die Zahlen |
nicht mehr lesen. |

Das stumme -h kann ich nicht hören.

Rechtschreib-Trick:
Üben und merken!

Ich übe die Wörter
und merke sie mir,
besondere Stellen
sage ich dir:
Zahn mit ah.

Geschichten werden lebendig

1 Lies die Geschichte, was fällt dir auf?

Wer spielt mit mir?

Der  Kobold Wackelzahn sucht

eine _____ Freundin. _____ trifft er im _____

Wald die _____ Wetterhexe, doch sie hext gerade

ein Gewitter. _____ trifft er die _____ Kräuterfee.

_____ sie kocht eine _____ Spinnensuppe.

Traurig läuft er weiter. _____ sieht er in einer

_____ Schlammpfütze die _____ Sumpfelfe

sitzen. _____ ruft er begeistert: „Komm, wir spielen

Matschballwerfen!"

2 Wie kannst du die Geschichte lebendiger und
spannender machen? Schau nach auf Seite 85.

3 Verändere die Geschichte. Treffende Adjektive und
Satzanfänge aus den Zauberkesseln helfen dir dabei.

4 **DU + ICH** Schreibt eine lebendige Geschichte
zu diesem Bild. Passt eure Geschichte auch in „**Unser
Sprachbuch**"? Textkartei ➡ Seite 125–128

lieb, dreckig, eklig, jung
riesig, groß, stark
schleimig, matschig
gut, klug, listig
tief, alt, knorrig, böse
nett, neu, dunkel
klein, grün, lustig

*Zaubere
deine
Geschichte
spannend!*

*Zaubere
deine Geschichte
lebendig!*

Plötzlich …
Auf einmal …
Danach …
Ohje! Hurra!
Oh Schreck!
Juhu!

Was ich schreibe soll
anschaulich sein,
drum packe ich viele
Adjektive rein.

Textekartei ➡ S. 127/11, 12

Schreiben kreative Texte

Wanderfalke

Größe:
35–45 Zentimeter

Aussehen:
Oberseite: grau-schwarz,
Unterseite: weiß
mit schwarzen
Streifen

Nahrung:
andere Vögel,
Insekten
und kleine Säugetiere

Besonderheiten:
schnellster Vogel der Welt,
sehr selten

Biber

Größe:
ungefähr
1 Meter

Aussehen:
dichtes
braunes
oder graues Fell,
lange Nagezähne

Nahrung:
Baumrinde,
Pflanzen

Besonderheiten:
lebt im Wasser,
baut große Biberburgen,
wiegt etwa so viel wie du

Tiervorträge

1. Lies die Steckbriefe der Tiere auf Seite 96 und 97. Welches Tier gefällt dir am besten? Warum?

2. Berichte einem anderen Kind über dein Lieblingstier. Bilde vollständige Sätze.

3. Bereite einen Vortrag über ein anderes Tier vor. Halte den Vortrag vor deiner Klasse.

Tipps für deinen Tiervortrag
1. Informiere dich genau (Bücher, Internet).
2. Ordne die Informationen: Größe, Aussehen, Nahrung, Besonderheiten …
3. Sammle Bilder, klebe sie auf ein Plakat, schreibe kurze Texte dazu.
4. Übe deinen Vortrag. Erzähle ihn zum Beispiel deinem Kuscheltier, deinem Spiegelbild oder deinen Eltern.
5. Sprich dabei langsam, laut und deutlich.

Sprechen Vorträge halten

Rote Waldameise

Größe:
ungefähr ein Zentimeter

Aussehen:
rot-braun, drei Körperglieder, sechs
Beine und zwei Fühler

Nahrung:
Insekten

Besonderheiten:
spritzt Säure, kann das 10-fache
ihres Körpergewichtes tragen.

Kreuzspinne

Größe:
ungefähr ein
Zentimeter, das
Weibchen ist
doppelt so groß

Aussehen:
acht Beine,
dicker Hinterleib
mit hellem
Kreuz, braun-grau

Nahrung: Insekten

Besonderheiten:
baut Radnetz (bis zu 2 Meter groß),
ihr Gift lähmt die Beute, der Biss ist
für Menschen nicht gefährlich

4 Luis hat einen Vortrag über den Biber gehalten.
Die Kinder haben genau zugehört und sagen,
was ihm gut gelungen ist. Erkläre.

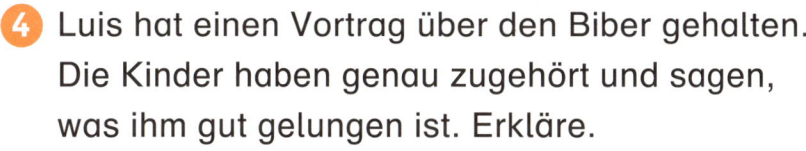

So hat mir dein Vortrag gefallen:

Dein Thema fand ich interessant.	☺ ☺ ☺ ☺
Du hast langsam und deutlich gesprochen.	☺ ☺ ☺ ☺
Du hast Bilder oder andere Dinge gezeigt.	☺ ☺ ☺ ☺
Du hast an alles gedacht.	☺ ☺ ☺ ☺
Du hast Mut gezeigt, vor der Klasse zu sprechen.	☺ ☺ ☺ ☺

5 **DU + ICH** Halte einen kurzen Vortrag über dich,
über deine Hobbys oder dein Lieblingstier.
Das andere Kind bewertet deinen Vortrag.

Warum schreiben wir?

UNSERE KLASSENZEITUNG

SUCHANZEIGE VON CELINA

*Wer hat meinen Stofftiger „Tonga"
gesehen?*

Größe: 30 cm lang, 15 cm hoch
Farbe: gelb-schwarz gestreift
Besonderheiten: trägt ein rotes Halstuch

Abzugeben bei Celina

To-Do-Liste
Wir bekommen Fische!

**Das brauchen
wir:**
- Aquarium
- Heizstab
- Lichtanlage
- Kies
- Fischfutter
- Wasserpflanzen

**Daran müssen
wir noch denken:**
- Pflegedienst
- Feriendienst
- Standort

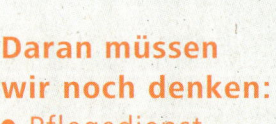

Der Elefant und die Maus gehen durch die Wüste. Weil es so heiß ist darf die Maus im Schatten des Elefanten gehen. Nach einiger Zeit sagt die Maus „Wenn du magst, können wir tauschen."

① Lies die Texte in der Klassenzeitung.

② Welcher Text interessiert dich am meisten?
Begründe.

③ Warum findest du diese Texte in der Klassenzeitung?

④ Was könnte noch in einer Klassenzeitung stehen?

⑤ Wie könnt ihr eine eigene Klassenzeitung gestalten?

Wörter mit tz und ck

1 Übe das **ck/tz**-Gedicht, bis du es flüssig lesen kannst.

1 Übe das **ck/tz**-Gedicht, bis du es flüssig lesen kannst.

Schneckenglück

Eine kecke braune Schnecke
flitzt um eine spitze Ecke.
Ganz erschrocken – auf dem Sockel
sitzt Herrn Mockels dicker Gockel.

Körner spucken, Würmer schlucken,
Schnecken schlecken,
tut dem Gockel lecker schmecken.

Welch ein Schrecken – wo verstecken?
Es gibt Lücken in den Hecken.
Glück für Schnecken!

Angela Ziegler

2 Blitzmerker

Merke dir in 30 Sekunden möglichst alle Lernwörter.
Schließe das Buch und schreibe sie auf. Kontrolliere
dich selbst, ergänze.

3 Sprich die Wörter aus Aufgabe 2. Achte dabei auf die
Vokale vor **-tz** und **-ck**. Klingen sie lang oder kurz?

4 Ordne die Lernwörter und finde noch je drei weitere
Wörter.

Schreibe so: ck: Hecke, …   tz: Satz, …

5 Was erlebt Blitzi,
die Rennschnecke?
Schreibe
die
Geschichte
auf.

A H Seite 55, 56

Wörterschule

ba**ck**en
di**ck**
He**ck**e*
Ka**tz**e
Sa**tz**
Schne**ck**e*
si**tz**en
spi**tz***
Spi**tz**e*

Blitzi flitzt Die Schnecke Blitzi sitzt im Gras. Da kommt die dicke Katze Micki mit ihren spitzen Zähnen und will mit ihren Tatzen kratzen. Blitzi flitzt in die Hecke. Micki macht einen Satz, doch Blitzi ist schon fort.

Richtig schreiben   Rechtschreibbesonderheiten: tz und ck

99

Mein Wundertier

1 Betrachte das Tier am Rand. Was fällt dir dabei auf?

2 Wie könnte das Wundertier heißen? Wie lebt es?

Wo wohnt es?	Wie bewegt es sich?
Wie schläft es?	Welche Geräusche …?
Was frisst es?	Wie sieht es aus?

3 So beschreibt Paul das Wundertier.

Das Wundertier „Fantasius" hat auf seinem langen Hals einen kleinen Kopf. Es schaut mich mit großen, dunklen Augen an. Sein dichtes Fell und die weichen Federn schützen es vor der Kälte.
Es wackelt mit den kleinen Flügeln, wenn es etwas lustig findet. Oft spielt es mit seinen starken Tigerbeinen Fußball. Manchmal wälzt es sich in Schlammpfützen. Nachts schläft es in einer gemütlichen Höhle mit seinen Freunden. In der Früh mag es am liebsten Honigmelonen.

Betrachtet Pauls Text mit dem Lupenblick → Seite 128
Jede Gruppe bearbeitet eine Aufgabe.

Gruppe 1: Verschiedene Verben? hat, schaut, …

Gruppe 2: Verschiedene Satzanfänge?
Das Wundertier … Es schaut …

Gruppe 3: Anschauliche Adjetive? lang, klein, …

Gruppe 4: Was wird beschrieben? Hals, Kopf, …

Malt das Wundertier.

4 Erfinde ein eigenes Wundertier und erzähle von ihm.

5 Betrachte deinen eigenen Text mit dem Lupenblick. Schätze deinen Text selbst ein: Was hast du geschrieben? Woran kannst du noch arbeiten?

1 Schreibe zum Bild das Wort. Denke an den Artikel.

  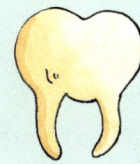 

2 Schreibe die Verben auf. Umrahme jeweils den Wortstamm.

spielen, ruft, hören, findest, stellt, scheint,
schneiden, sagt, reisen, blüht, denkst

3 Finde zu jedem Bild die richtige Schreibweise in der Mehrzahl.

Schreibe so: der Baum – die Bäume

 Este, Äste, Aste

 Mäuse, Meuse, Mäuser

 Heuser, Häuse, Häuser

 Gräser, Grase, Graser

4 Ordne nach den Wortarten. Schreibe richtig.

haben, schnecke, dick, die, minute, gut, dann, hecke, legen, der, weil, alt

Nomentest ✋ ddd MZ : ¿

Verbtest ich : ¿

Adjektivtest Wie? : ¿

Artikel: ¿

andere Wörter: ¿

Die Kontrolle zeigt mir dann, was ich alles sicher kann!

5 Entdecke die Fehler. Schreibe nur die falsch geschriebenen Wörter richtig auf.

Ich zäle die diken Schnecken.
Du hört im Frühjar viele Vögel singen.
Der Junge wäschd sich und schlaft dann.
Mit dem spizen Stift schreibe ich einen Sats.
Die Katze leuft for dem Hunt davon.

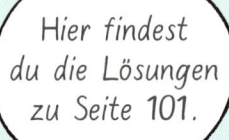
Hier findest du die Lösungen zu Seite 101.

→ S.88, S.94, S.99

① Schreibe zum Bild das Wort. Denke an den Artikel.

die Uhr   der Apfel   der Zahn   die Katze

→ S.83, S.84

② Schreibe die Verben auf. Umrahme jeweils den Wortstamm.

spiel|en, ruf|t, hör|en, find|est, stell|t, schein|t, schneid|en, sag|t, reis|en, blüh|t, denk|st

→ S.88

③ Finde zu jedem Bild die richtige Schreibweise in der Mehrzahl.
Schreibe so: der Baum – die Bäume

    der Ast – die Äste

    die Maus – die Mäuse

    das Haus – die Häuser

    das Gras – die Gräser

→ S.92, S.93

④ Ordne nach den Wortarten. Schreibe richtig.

haben, schnecke, dick, die, minute, dann, hecke, legen, der, weil

Nomentest 🖐 ddd MZ : *Schnecke, Minute, Hecke*

Verbtest ich : *haben, legen*

Adjektivtest Wie? : *dick, gut, alt*

Artikel: *die, der*

andere Wörter: *dann, weil*

→ S.88, S.89, S.94, S.99

⑤ Entdecke die Fehler. Schreibe die falsch geschriebenen Wörter richtig auf.

zähle, dicken, hörst, Frühjahr, wäscht, schläft, spitzen, Satz, läuft, vor, Hund

Du glaubst, du musst noch üben? Die grünen → Seitenangaben sagen dir, wo.

Bist du mit deinem Ergebnis zufrieden?
Male zu deinen Aufgaben passend: 😊 😐 ☹

😐 ☹ Wie willst du üben?
Sprich auch mit deiner Lehrerin, deinem Lehrer.

Wiederholen

Im Notfall

In Celinas Garten steht ein Nadelbaum mit beerenähnlichen roten Früchten. „Ob die wohl schmecken?", denkt Celina und pflückt eine Frucht. Mutter nimmt ihr diese aus der Hand und erklärt laut und deutlich: „Nadeln und Samen der Eibe sind hochgiftig! Du kannst daran sterben." Das Mädchen schaut erschrocken. Mutter meint: „ Wie leicht doch ein Unglück geschehen kann! Wir üben jetzt, was du in so einem Fall tun musst."

1 Wie würdest du dich verhalten?

2 Celina soll die Nummer 112 anrufen, das ist die Notrufnummer. Am Telefon muss sie Fragen beantworten. Welche Fragen könnten das sein? Erkläre und finde weitere Fragen.
- Wie heißt du? – Vorname? Familienname?
- Wo genau ist der Notfall?
- Gehst du gern zur Schule?
- Wie ist deine Telefonnummer?
- Wo wohnst du? – Straße, Hausnummer, Ort
- Wie heißt deine Oma?
- Was genau ist passiert?
- Wer …
- Wann …
- Wie viele …

3 Denkt euch in der Gruppe einen Notfall aus. Spielt dann das Telefongespräch mit der Notrufleitstelle. Sprecht dabei sehr, sehr deutlich. Warum ist das wichtig?

4 Die anderen Kinder beobachten das Spiel und machen dabei Notizen:
- Was gefällt dir gut?
- Was sollte man besser oder anders machen?

Schreibe deine genaue Adresse und die Telefonnummer auf. Lerne beides gut auswendig. Warum wohl?

Im Notfall 112 wählen

Name
Adresse
Telefonnummer
Notfall erklären

Sprechen andere informieren

Giftige Pflanzen

Im Wald

(1) Was siehst du auf dem Bild?

(2) Wie gefällt dir der Text? Begründe deine Meinung.

Vater geht mit den Kindern in den Wald.
Vater sagt: „Im Wald muss man leise sein."
Emma sagt: „Warum?"
Samuel sagt: „Sonst stören wir die Tiere."
Emma sagt: „Schau, da sind schöne Kirschen!"
Vater sagt: „Halt! Fass sie nicht an!"
Emma sagt: „Die sehen aber so gut aus!"
Vater sagt: „Das sind Tollkirschen. Sie sind sehr giftig."

(3) Verbessere den Text aus Aufgabe 2.
Verwende für „sagen" treffendere Verben.
Wähle aus der Schatzkiste aus und setze
die Verben in der richtigen Form ein.

fragen, rufen, schreien, entgegnen, antworten,
meinen, überlegen, mahnen, erklären, informieren,
brüllen, schimpfen, jammern, murmeln, seufzen, jubeln,
flüstern, wispern, warnen, tuscheln, befehlen, weinen,
nennen ...

(4) Lest eure verbesserten Texte vor.
Welcher Text gefällt dir besonders gut? Warum?

Sprache untersuchen Wortschatzalternativen: sagen

5 Sammelt weitere Wörter für „sagen" aus Büchern, Zeitschriften, im Internet ...
Zeichnet auf ein Plakat eine große Schatzkiste und schreibt euren Wortschatz hinein. Die Schatzkiste hilft dir beim Schreiben schöner Geschichten.

6 Du kennst viele Wörter für „sagen".
Zeichne die Tabelle und ergänze sie passend.

leise sprechen	laut sprechen
flüstern	rufen
...	...

7 Verbessere die Geschichte.

Celina probiert unbekannte Beeren. Bald sagt sie: „Ich habe Bauchweh!" Mutter sagt besorgt: „Was hast du gegessen?" Das Mädchen sagt: „Vielleicht habe ich giftige Beeren gegessen." Erschrocken sagt Mutter: „Steck die Finger in den Hals und brich alles heraus." Dann telefoniert Mutter mit dem Notdienst. Sie sagt die Adresse und sagt genau, was geschehen ist.

8 Das Gedicht nennen wir Elfchen. Was fällt dir auf?

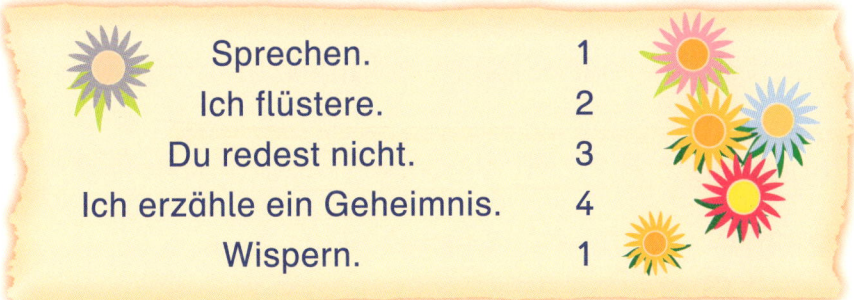

Sprechen.	1
Ich flüstere.	2
Du redest nicht.	3
Ich erzähle ein Geheimnis.	4
Wispern.	1

- Was bedeuten die Zahlen neben den Zeilen?
- Woher kommt der Name Elfchen?
- Nenne die Verben (5). Wozu passen sie?

9 Verändere das Elfchen mit anderen Wörtern für „sagen".

Immer **sagen** langweilt sehr, ich hole auch **andere Wörter** her.

Textekartei → S. 127/10

Sprache untersuchen Wortschatzalternativen: sagen

Wörterschule

Braut*
grün
Kopf
Kraut*
pfeifen*
Pferd*
Pflanze
Salz

Konsonanten? Schlag nach auf Seite 16.

Viele Konsonanten

Fischers Fritz fischt frische Fische.
Frische Fische fischt Fischers Fritz.
Zwüsche zwei Zwetschgezwieg zwitschere zwei
Schwalbe.

1 Manche Wörter und Sätze lassen die Zunge purzeln.
Welche Zungenbrecher kennst du?

2 Zungenbrecher sind schwer zu sprechen, weil sich in
den Sätzen ähnlich klingende Konsonanten häufen.
Schreibe die Lernwörter auf. Male die Konsonanten
hellblau an.

3 Hör genau! **Pf** (5), **pf** (6) oder **F** (3), **f** (3)?

☐au, ☐erd, ☐lanze, ☐anne, ☐enster, ☐irsich,

☐oto, Ko☐, To☐, ☐legen, ☐liegen, ☐inden,

☐lanzen, ☐eifen, ☐iffig, ☐effern, ☐üller, au☐

Schreibe so: der Pfau, das …

4 Ergänze die Wörter mit **gr** (5), **lz** (5), **Kr** (5) oder **Br** (4)

☐ün, ☐au, Ho☐, Fi☐, ☐aben, sa☐en, Schma☐,

☐aut, ☐aut, ☐ug, ☐ille, ☐oß, ☐ach, ☐eis,

☐ot, ☐ief, ☐eifen, sto☐, ☐aft, ☐aten, ☐agen

5 Nomentest: ✋ ddd MZ Verbtest: ich Adjektivtest: Wie?

Schreibe. Unterstreiche Nomen (17) blau,
Verben (8) rot und Adjektive (3) grün.

Fridas Pferd frisst frische Früchte.

Sascha salzt Schmalz. Sascha schmalzt Salz.
Blaukraut bleibt Blaukraut und
Brautkleid bleibt Brautkleid.
In grünen Grünanlagen grünen grüne Grünpflanzen.
Zensi zupft am Kopf, Zara zupft am Zopf.

richtig schreiben schwierige Mehrgrapheme

A H Seite 59, 60

Giftige Beeren

rote Beeren, essen

Bauchschmerzen

Notrufnummer wählen

ins Krankenhaus fahren

1. **DU + ICH** Erzählt und spielt. Was sprechen Sibel und ihre Mutter? Wie könnte die Geschichte enden?

2. **WIR** Einigt euch auf einen Schluss und malt dazu das Bild. Schreibt zu den Bildern eine Geschichte. Die Seiten 104 bis 105 können euch helfen.

3. Texte überarbeiten: Lupenblick → Seite 128
   - verständlicher Text?
   - Punkte am Satzende?
   - unterschiedliche Satzanfänge?
   - andere Wörter für „sagen"?

Unterwegs zu guten Texten!

Gute Tipps helfen mit!

Textekartei → S. 125–128

Schreiben Texte zu Bildern, Überarbeitungshinweise

Franz und Berta

Franz   Berta

1 In dem Buch „Hundegeschichten vom Franz" von Christine Nöstlinger geht es um Angst vor Hunden. Zu welchen Bildern passt dieses Gefühl?

2 Welcher Text passt zu welchem Bild?

„Je länger der Franz die Berta kraulte, umso mehr gefiel es auch ihm. Richtig gut fühlte er sich bald. Irrsinnig gut sogar!"

Nöstlinger Seite 24

„Neugierig schaute sie auf die drei Kerle, dann riss sie das Maul auf und gähnte. Im Nu ließ der eine die Ohren vom Franz los und flitzte davon. Die zwei anderen ihm nach!"

Nöstlinger Seite 37

„Die Decke hob sich und darunter kam ein riesiger brauner Hundeschädel hervor. … Jetzt hilft nur noch sich tot stellen, dachte der Franz. Und das tat er auch." Nöstlinger Seite 18, 19

„Der Eberhard schnaufte: „Die Berta muss sich in dich verliebt haben!" … Der Franz rappelte sich vom Boden hoch. Sein Herz klopfte noch immer sehr laut." Nöstlinger Seite 22, 23

3 Die Angst vor Hunden verwandelt sich in Zuneigung. Spielt Franz und den Hund Berta. Zeigt mit Gesicht, Körper und Händen, wie sich die Gefühle verändern.

Spielstunde

Heute spielt Samuel sein Lieblingspiel.
Dazu gehört ein weißes Laken. Samuel hat es beim
Spielzeug versteckt. Noch in der Spielecke wirft er es
sich über und heult laut. Doch Sara hat keine Angst!
Sie zieht das Laken weg und lacht. Das Geisterspiel
ist vorbei und die Kinder holen ein Würfelspiel.

1 Schreibe die unterstrichenen Wörter auf.
Welchen Wortstamm mit 5 Buchstaben haben sie
gemeinsam? Umrahme ihn in jedem Wort.

2 **ICH** Sammle Wörter zum Wortstamm **SPIEL**.
DU + ICH Vergleicht und ordnet eure Wörter so:

Nomentest 🖐 ddd MZ: die Spielplätze, die …

Verbtest ich: ich spiele, ich …

Adjektivtest Wie?: …   **andere Wörter:** …

WIR Vergleicht und sprecht über eure Wörter.

3 Ordne die Wortstämme (3).

Geist, Eis, besuchen, geistlos, suchen, eiskalt, eisig,
begeistern, versuchen, Eismaschine, Geisterstunde,
Besuch, Bananeneis, vereisen, geistern, Suchhund

4 In jedem Satz findest du zwei Wörter mit dem
gleichen Wortstamm. Schreibe die Sätze und
umrahme den Wortstamm.

Am liebsten spielen wir das Geisterspiel.
Samuel seift seine Hände mit Olivenseife ein.
Der Redner hört endlich zu reden auf.
Lena spart ihr Geld in der roten Spardose.
Frau Rose pflanzt viele Grünpflanzen

5 **DU + ICH** Sucht euch einen Wortstamm aus.
Wie viele Wörter findet ihr in 10 Minuten?

Mein Wortstern

1 In dem Buch „Hundegeschichten vom Franz" fiel Samuel ein Wort auf. Er möchte das Wort mit einem Wortstern untersuchen. Wie macht er das?

Erklärung

Fundstelle

Wortart

verwandte Wörter

Mein Wort: **eiszapfenstarr**

in anderer Sprache

Wichtig für das Rechtschreiben

Reimwörter

Ich zähle

2 Zeichne den Wortstern ab und ergänze ihn passend mit diesen Texten.

Adjektiv

steif vor Schreck

„Hundegeschichten vom Franz", S. 17

starr Narr

zusammengesetzt aus: Eis, Zapfen, starr starr mit rr

14 Buchstaben
4 Silben
9 Konsonanten

4 Silbenkerne: ei, a, e, a

bayrisch: gstarrad

Eis, vereisen, Zapfen, anzapfen, starr, starren

Wortsterne sammle ich im Ordner „Unser Sprachbuch".

3 Suche ein besonderes Wort und gestalte deinen Wortstern. Du kannst zu deinem Wort auch noch eine kleine Geschichte oder ein Gedicht erfinden.

Wörter mit ie

① Wortpaare: Höre auf den i-Laut, erkläre den Unterschied.

wis sen	Lip pen	Zick lein	Ris se	Stil le
Wie sen	lie ben	Zie ge	Rie se	Stie le

② Schreibe die Lernwörter in Silben. Markiere den Silbenkern **ie** gelb. In welcher Silbe findest du ihn stets?

③ **ie** (8) oder **i** (8)? Im längeren Wort hörst du es.

Br␣f   Sp␣l   Sch␣ff   Z␣l

Br␣-fe   Sp␣-le   Sch␣f-fe   ␣-␣

R␣ss   S␣b   B␣ss   B␣ld

R␣s-se   ␣-␣   ␣-␣   ␣-␣

④ **i** (6) oder **ie** (10). Das zweisilbige Wort verrät es.

es r␣nnt   es st␣mmt   er b␣gt   es fl␣gt

r␣n-nen   st␣m-men   b␣-gen   fl␣-gen

es l␣gt   es k␣ppt   sie sp␣lt   er l␣bt

l␣-gen   k␣p-pen   sp␣-len   l␣-ben

⑤ Setze ein: Silbenkern **ie** (14) oder **i** (3).

Unsere l␣ben Z␣gen

W␣r haben seit s␣ben Tagen Z␣gen.
Sie sp␣len ␣m Garten auf der W␣se.
V␣le B␣nen fl␣gen dort herum.
Eine kleine Z␣ge l␣gt unter
dem L␣ndenbaum.
S␣ l␣bt es, den kleinen
T␣ren faul zuzusehen.

A H Seite 61, 62

Biene
fliegen*
lieben
liegen
sieben
spielen
Wiese
Ziege

Spreche ich **i** besonders lang, hängt oft am **i** ein **e** daran: **ie**.

Macht das Angst?

① Welche Überschrift passt zu welchem Bild?

Monster!

Als mir große Schüler auf dem Heimweg den Weg versperrten

Ich schaue gern fern.

Angst auf dem Schulweg

② Welche Überschriften von Aufgabe 1 findest du gut? Welche nicht? Erkläre, warum.

③ Finde zu den anderen beiden Bildern je eine passende Überschrift.
Sie soll neugierig machen und kurz sein.

④ Schreibe eine spannende Geschichte.
- Du kannst zu einem der Bilder schreiben,
- du kannst aber auch darüber schreiben, wie es war, als du einmal Angst hattest.

Die Textekartei ➜ Seite 125 bis 128 kann dir helfen.

Vier Tipps zur **Überschrift** zusammengefasst:

- sie ist **kurz,**
- **macht neugierig,**
- hat **keinen Punkt**
- und **passt.**

Textekartei ➜ S. 125/4

Schreiben zu Impulsen schreiben; Überschrift

Ran ans Meer!

Rein ins Auto, ran ans Meer,
denn ich mag das Wasser sehr.
Autohupe? Autoschlange?
Das macht mich noch lang nicht bange.

Badehose angezogen
spring ich in die hohen Wogen,
hab den Krebs auch schon erblickt
und pass auf, dass er nicht zwickt.

Danach grabe ich am Strand
mit der Hand im warmen Sand.
Später esse ich ein Eis,
außen gelb und innen weiß.

Ab und zu leg ich mich hin
mit dickem Buch und les' darin.
So vergeht, ich hab ja Zeit,
eine kleine Ewigkeit.

Johanna Schmidt, Renate Schmidt

1. Das Bild „Strandleben" von Max Liebermann entstand
   vor ungefähr 100 Jahren. Was fällt dir auf?

2. Lies das Gedicht. Vergleiche Text und Bild:
   Was passt zu einer vergangenen Zeit?
   Was passt zu heute? Was passt zu beidem?

3. Lies das Gedicht laut vor.
   An welchen Stellen sprichst du

   - etwas leiser?
   - etwas lauter?
   - besonders betont?
   - etwas langsamer?
   - etwas schneller?
   - kurze Zeit nicht?

Rauf aufs
Fahrrad,
hin zum Bad …

4. Höre anderen beim Vorlesen gut zu. Gib genaue Tipps:

   - Welche Stellen gefallen dir gut? Warum?
   - Welche Stellen kann man besser vorlesen? Wie?

Wasserwörter

1 Was ist hier geschehen?

K asser w ocher   B asser w all

B asser w urg   F asser w all

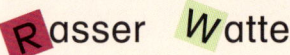

R asser   W atte

2 Zaubere lustige Wasserwörter.

Wasserratte, Wassermann, Wasserrand,
Salzwasser, Wassernot, Nudelwasser,
Wasserrutsche, Badewasser, Blumenwasser

3 Was wurde hier vertauscht?

Kocherwasser, Ballwasser, Wassernudel

4 Zaubere mit diesen zusammengesetzten Nomen wie in Aufgabe 3:

Wasserschlangen

Wasserfall   Regenwasser   Wassernixen

Haarwasser   Wasserratten   Blumenwasser

Kaffeewasser

Schmutzwasser   Wassernot   Wasserburg   Wasserski

5 Schreibe eine lustige Geschichte. Verändere dazu die Wasserwörter wie in Aufgabe 2 oder 3.

Fatima ist eine richtige Wasserratte.
Den ganzen Tag ist sie auf der Wasserrutsche.
Ihr Vater fährt Wasserski.
Da trifft ihn ein Wasserball.
Platsch, schon fällt Vater ins Meerwasser.
Jetzt ist er ein Wassermann.

Verhärtung

1 Was fehlt? Wie klingt der Laut – wie schreibst du?
Entdecke die Regel.

gel ☐ wei ☐ bun ☐ run ☐
   ↑   ↑   ↑   ↑
gel**b**e wei**t**e bun**t**e run**d**e

leich ☐ gesun ☐ gu ☐ ro ☐
leich**t**e gesun**d**e gu**t**e ro**t**e

Schreibe so: gelb – gelbe, …

bunt
gelb
ge**sund**
gut
laut
leicht*
lieb*
rot
weit
wild*

2 **d** (3) oder **t** (7) oder **b** (2)? Verlängere ich das Wort,
weiß ich die Schreibung sofort.

ro ☐ – das rote Kleid   wil ☐ – das ☐ Tier
run ☐ – der ☐ Mond   lau ☐ – die ☐ Musik
wei ☐ – der ☐ Weg   bun ☐ – das ☐ Bild
leich ☐ – der ☐ Wind   gesun ☐ – das ☐ Brot
gu ☐ – die ☐ Arbeit   geschei ☐ – das ☐ Kind
lie ☐ – der ☐ Hund   gel ☐ – der ☐ Saft

3 Achtung! Bei zwei Reimwörtern musst du besonders
über den letzten Buchstaben nachdenken!

gesund   gut   rot   weit
  r ☐   M ☐   Br ☐   br ☐
  b ☐ ⚡   H ☐   N ☐   Kl ☐ ⚡
  H ☐   W ☐   Pil ☐   Z ☐

4 **d** (5) oder **t** (5)? Schreibe den Text richtig auf.

Am Strandba ☐

Kinder schreien lau ☐ und laufen wil ☐ herum.
Sara und Lena legen bunte Han ☐ tücher auf den
gelben San ☐ . Zum Wasser ist es nicht wei ☐ .
Dann reiben sie sich gu ☐ mit Sonnenmilch ein,
damit die Haut gesun ☐ bleibt. Sie kann leich ☐
ro ☐ werden. Sara ist so lieb und holt Bananeneis.

Am **Wortende**
d oder **t**?
Was ist wahr?
Verlängere das
Wort, dann ist es klar:
gesun **?** – gesun **d** e.

Wörterschule

Fuß
groß
Gruß*
grüßen*
Hai
Hexe
Kaiser
Mädchen

sind

*bayerisch:
Madel
mit a*

Wann	Wie lange	Wie
10.7.	5 Min.	nach ABC ordnen
14.7.	10 Min.	diktieren lassen
17.7.	…	…

Spalten

Besondere Wörter

1 Schreibe die Lernwörter. Markiere besondere Stellen gelb und sprich dazu: Fuß mit ß.

2 Setze für die Bilder Lernwörter ein.

Auch 🧒🧒 spielen gern 🦶 ball.

Der  lebt im Meer.

Eine gibt es nur im Märchen.

Einen Brief beende ich mit einem 🤝 .

Wir **sind** höflich.

Der erste deutsche  hatte den Namen Karl.

Er war nicht klein, sondern 🧍 .

3 Schreibe die passenden Lernwörter.
K: Konsonant, V: Vokal oder Umlaut

KVV-KVK, KVK, KKVK, KKVK, KKV-KVK, KVV,

KVK-KKVK, KVKK, KV-KV

4 Wie klingen die Vokale vor ß oder ss? Ordne.

der Fuß, der Fluss, die Klasse, die Straße, groß,

das Ross, der Kuss, der Gruß, das Metermaß,

die Masse, das Floß, die Flosse, die Soße

langer Vokal (7): der Fuß, …
kurzer Vokal (6): der …

5 Lernwörter sollst du immer wieder üben. Zeichne eine Tabelle mit drei Spalten. Schreibe auf, wann, wie lang und wie du üben willst. Häng deine Tabelle auf. Hake ab, was du erledigt hast.

richtig schreiben   Rechtschreibbesonderheiten: ß, ai, x, ä

A H Seite 65, 66

Mein Zeugnis

1 Bald geht das Schuljahr zu Ende.
Am letzten Schultag erhältst du ein Zeugnis.
Was würdest du in dein Zeugnis schreiben?
Überlege:

Ja oder **nein** oder **teils ja**, **teils nein**?

Ich erledige meine Hausaufgaben
- immer.
- ohne Hilfe.
- ordentlich.
- mit zusätzlichen Aufgaben.

In der Schule
- arbeite ich gut mit.
- melde ich mich oft.
- störe ich niemanden und arbeite leise.

Im Gespräch
- spreche ich laut und deutlich.
- höre ich gut zu.
- lasse ich andere ausreden.

Ich schreibe
- geübte Wörter richtig.
- viele andere Wörter.
- mit schöner Schrift.
- schöne Texte.

Ich kann
- anderen helfen.
- sagen, was ich gern hätte.
- auch einmal nachgeben.

Ich lese
- meine Hausaufgaben flüssig.
- gern in eigenen Büchern.
In den Ferien will ich   lesen.

2 Schreibe dir dein eigenes Zeugnis. Bilde dabei
vollständige Sätze.
Zum Schluss kannst du aufschreiben, was du dir
für das neue Schuljahr vorgenommen hast.

Viele Grüße von der Nordsee!

Denke an
die vollständige
Anschrift.

Beginne hier
eine neue
Zeile.

Amrum, den 7.8.

Hallo Juline,

Leider regnet es hier seit einer
Woche. Ich möchte viel lieber
mit dir spielen. Am Sonntag
komme ich wieder.

Viele Grüße von der Nordsee!

Dein Bruder Samuel

Juline

Am Park

85231 München

Liebe Juline,

Grüß dich, Juline

Guten Tag, Juline!

Herzliche Grüße

Liebe Grüße

Bis bald!

1 Welche Anrede verwendet Samuel?
Welche Anreden kennst du noch?

2 Welches Satzzeichen siehst du am Ende der Anrede?
Wie beginnt der Satz danach?
Worauf musst du achten?

3 Mit welchem Gruß verabschiedet sich Samuel?
Welche Abschiedsgrüße kennst du außerdem?

4 Warum kommt Samuels Postkarte nicht an?

5 Schreibe die Adressen von Menschen auf, denen
du in den Ferien schreiben möchtest.

Vor- und Nachname
Straße und Hausnummer
Postleitzahl und Wohnort

Mit kleinen Wörtern spielen (für 2 bis 4 Kinder)

Ihr braucht einen Würfel und für jedes Kind eine Spielfigur. Beginnt beim Start. Das erste Kind würfelt und rückt so viele Felder vor, wie der Würfel anzeigt. Welches Wort steht auf dem Stein? Bilde dazu einen Satz und schreibe das Wort auf. Dann würfelt das nächste Kind ... Wer gelangt zuerst – ganz genau – ins Ziel?

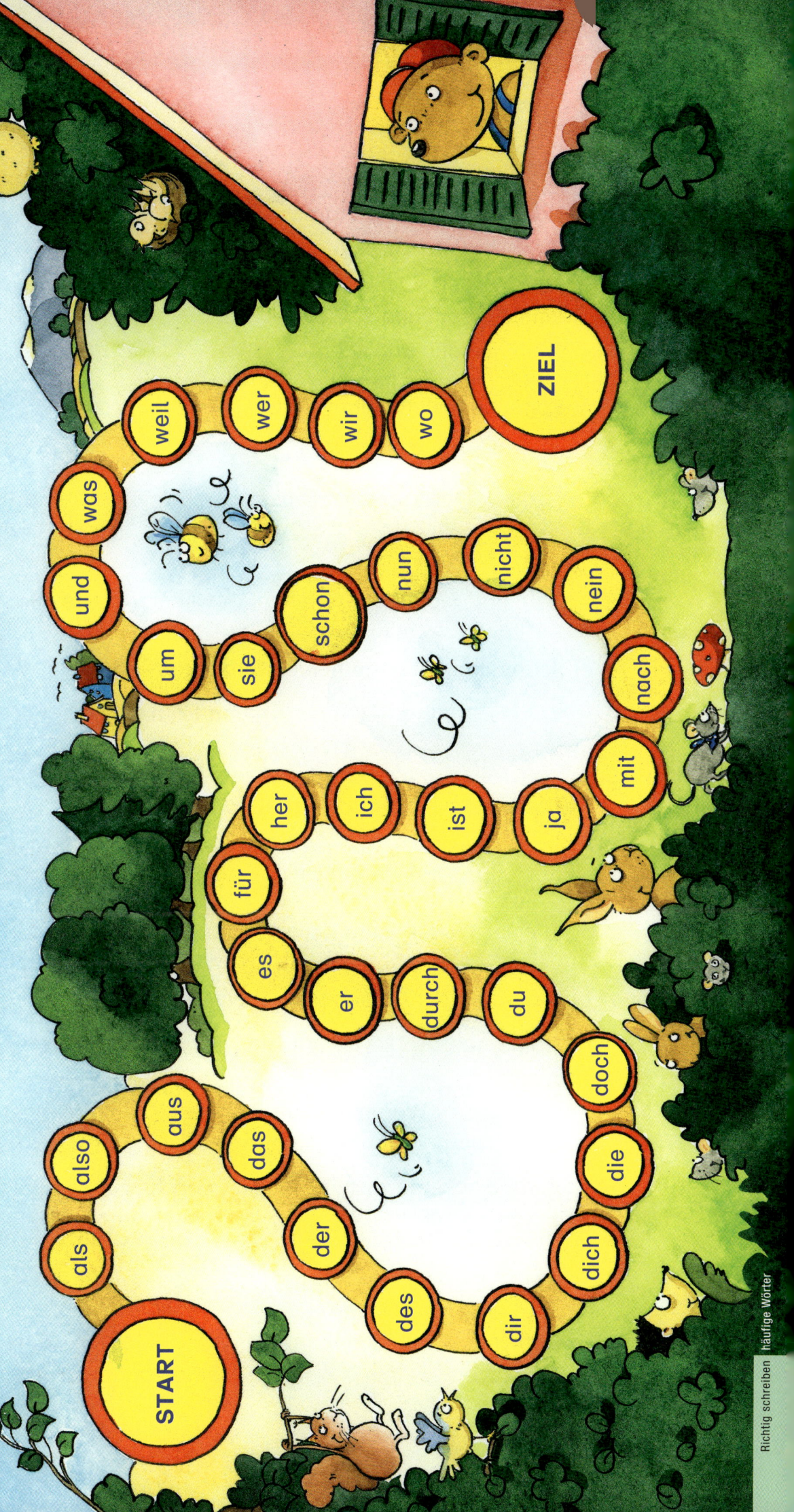

1 Rechtschreib-Trick: Sil-ben spre-chen!

a) Schrei-be in Sil-ben.

Hausaufgabenheft, Autowaschanlage, Blumenblüte,
Gemüsegarten, Schuljahresende, Sommerferien

b) Ich höre scht und schreibe **St/st**.
Ich höre schp und schreibe **Sp/sp**.

Schreibe vollständige Wörter.

Sch (3) oder **S** (5):

〈ale, 〈tern, 〈tein, 〈pinne, 〈irm, 〈tart, 〈ere, 〈piel.

sch (2) oder **s** (4):

〈lafen, 〈pringen, 〈tehen, ▢wimmen, 〈teigen, 〈pucken.

c) Jede Silbe hat genau einen Silbenkern!

Wur-z〈l, Am-p〈l, lau-f〈n, ma-l〈n, spie-l▢n, Re-g〈n

2 Rechtschreib-Trick: An Regeln denken!

a) Auf die Plätze, fertig, los – Satzanfänge (2) schreibt man groß!
Schreibe richtig.

in einer Woche kommt meine Freundin. wir fahren in die Berge.

b) Merk dir bloß: Nomen schreibt man groß.

Nomentest: ✋ ddd MZ   **Verbtest:** ich   **Adjektivtest:** Wie?

Ordne nach der Wortart. Schreibe richtig.

MÄDCHEN, ALSO, WÜNSCHEN, KLEIN, DER, BEI, RECHNEN,

MALER, SPIEL, ALT, STUNDE, BUB, WEIL, LUSTIG, ZAHL,

NICHT, GEHEN, SO, ZÄHLEN, BUCH, SCHÖN, QUADRAT,

BABY, DER, NACH, MALEN, GUT

Nomen (9): das Mädchen, der …   Verben (5): wünschen, …
Adjektive (5): klein …   andere Wörter (8): also, …

Wiederholen

A H Seite 67, 68

c) Verlängere ich das Wort, weiß ich die Schreibung sofort.

kurzes Wort	?	langes Wort	also
er fü⬚t	l oder ll?	fül-len	er füllt
sie le⬚t	g oder k?	le-gen	sie ⬚
sie lie⬚t	b oder p?	⬚-⬚	sie ⬚
es sp⬚lt	i oder ie?	⬚-⬚	es ⬚
das B⬚ld	i oder ie	die ⬚-⬚	das ⬚
es ge⬚t	h oder nicht h?	⬚-⬚	es ⬚
der Ta⬚	g oder k?	die ⬚-⬚	der ⬚
das Zel⬚	d oder t?	die ⬚-⬚	das ⬚
gel⬚	b oder p?	⬚-⬚	⬚

Schreibe so: fü **l-l** en – er fü **ll** t, …

d) Ein Ding – ein Wort! Schreibe zusammengesetzte Nomen (4) mit Artikel.

Kinder, Uhr, Uhr, Zeiger, Blumen, Topf, Topf, Pflanze

e) Zu Wörtern mit **ä,** das ist mir bekannt, sind Wörter mit **a** häufig
verwandt. Setze richtig ein: **Ä** (1), **ä** (9) oder **E** (1), **e** (3).

⬚rde, ⬚ste, Z⬚hne, F⬚nster, H⬚nde,

Gl⬚ser, S⬚tze, Z⬚hne, er d⬚nkt, er r⬚det,

sie schl⬚ft, er w⬚scht, sie b⬚ckt, sie h⬚lt

3 **Rechtschreib-Trick: Üben und merken!**

Schreibe die Wörter, überprüfe mit
der Wörterliste ab Seite 130.

 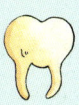    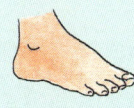

Meine Wörterbox

Karteikärtchen anlegen

Schreibe alle Wörter, die du üben willst, auf Karteikärtchen.
Kennzeichne schwierige Stellen in den Wörtern gelb.
Leg die Karteikärtchen in das 1. Fach
deiner Wörterbox.

> Ich übe
> regelmäßig
> mit meiner
> Wörterbox.

5. Fach
4. Fach
3. Fach
2. Fach
1. Fach

sitzen

er sitzt

So kannst du üben

- Nimm die Kärtchen heraus und lies das Wort.

- Überlege: Was ist schwierig?
  Wie kann ich mir das erklären?
  Wie kann ich mir das merken?

- Drehe das Kärtchen um und schreibe das Wort auf.

- Überprüfe: Hast du das Wort richtig geschrieben?
  Male auf dem Kärtchen einen Punkt in die Ecke und gib es in
  das nächste Fach.

Du hast einen Fehler gemacht?
Überlege genau, was du falsch gemacht hast.
Die Seite 124 kann dir dabei helfen. Wie kannst du das Wort üben?
(Reimwörter, Merksatz oder Übung im Buch suchen,
Mehrzahl bilden ...) Finde eine passende Übung. Das
Kärtchen bleibt im 1. Fach, beim nächsten Mal schreibst
du das Wort sicher richtig auf.

das Buch

die Bücher

Übe regelmäßig mit den Wörtern, dann kommen alle bald
in das 5. Fach.

Abschreiben: Schritt für Schritt

- Lies den Text Satz für Satz.
- Gliedere jeden Satz mit Strichen in kleine Abschnitte.
  Wo willst du in Bibus Satz am Rand die Striche setzen?
- Lies immer bis zum Strich. Sprich dabei in Sil-ben mit.
- Benenne Aufpassstellen: *„Rechtschreibprogramm"* mit zwei …
- Überprüfe nach dem Schreiben mit der Vorlage.

Mir hilft das Rechtschreib-programm in meinem Computer.

Diktate

❶ Mäppchendiktat

Schreibe alle Sätze des Textes auf Satzstreifen. Mische diese und lege sie in dein Mäppchen. Klappe das Mäppchen zu und ziehe einen Satzstreifen heraus. Lies ihn und lege ihn unter dein Mäppchen. Schreibe den Satz auf, dann überprüfe mit dem Streifen unter dem Mäppchen. Dann ziehe den nächsten Streifen aus dem Mäppchen …

❷ Schleichdiktat

Lege den Text einige Meter von dir entfernt offen aus. Schleiche zu dem Text und lies bis zum Strich. Schleiche zu deinem Platz zurück und schreibe auf.Schleiche wieder zum Text …
Zum Schluss holst du den Text zurück und kontrollierst.

❸ Blitzdiktat

Schreibe schwierige Wörter auf Karteikärtchen. Dann übe mit einem anderen Kind. Beispiel: Tim zeigt Tina blitzschnell ein Kärtchen.Tina schreibt das Wort auf. Tim und Tina überprüfen und berichtigen gemeinsam.

❹ Dein Diktat

Erfinde einen schönen Text, welchen du richtig schreiben willst.

So kannst du Texte überprüfen

1 Sil-ben spre-chen!

1 Sil-ben spre-chen!

Ich spre-che beim Schrei-ben in Sil-ben mit
und hö-re die Lau-te Schritt für Schritt.

2 An Regeln denken!
a) Satzanfänge groß

2 An Regeln denken!

a) Auf die Plätze, fertig, los – Satzanfänge schreibt man groß!
   Hallo! **I**ch bin Bibu.

b) Nomen groß
 ddd MZ

b) Merk dir bloß: Nomen schreibt man groß.

Nomentest:

 anfassen?	ddd Artikel?	MZ Mehrzahl?
Was ich anfassen und malen kann, fängt mit einem Großbuchstaben an.	Artikel begleiten Nomen: der, die, das.	Ein Nomen ich ganz leicht erkenne, wenn ich dazu die Mehrzahl nenne.

c) Wörter länger machen

c) Wörter länger machen:
   Am Wortende **d** oder **t**, **b** oder **p**, **g** oder **k**?
   Verlängere das Wort, dann ist es klar.
   Hun**?** – Hun**d**e, gel**?** – gel**b**e, Ta**?** – Ta**g**e

   Doppelte Konsonanten?
   Suche das längere Wort und klatsche die Silben:
   ro**ll**t – ro**l**-**l**en, Ba**ll** – Bä**l**-**l**e.

d) ein Ding – ein Wort

d) Ein Ding – ein Wort:
   Ich höre zwei Wörter, kann ein Ding nur sehen,
   drum schreibe ich **ein** Wort, in dem beide stehen:
   Klasse, Zimmer: Klassenzimmer

e) Verwandte Wörter suchen

e) Verwandte Wörter suchen:
   Zu Wörtern mit **ä/äu**, das ist mir bekannt,
   sind Wörter mit **a/au** häufig verwandt.
   H**?**nde – H**a**nd, H**?**ser – Haus

3 Üben und merken!

3 Üben und merken!

Unsicher? **Schlag nach** im **Wörterbuch** – oder frag nach!

Unterwegs zu guten Texten!

Hier findet ihr Tipps, wie Texte gelingen können.
Gestaltet zu den Tipps Lernplakate.
Diese helfen euch beim Verfassen von Texten.

❶ Wer soll deinen **Text lesen**?
… meine Eltern, meine Freundin,
mein Freund, meine Lehrerin …

Schreibe so genau und verständlich,
dass jeder deinen Text gut versteht.

❷ Warum schreibst du
diesen Text?
● Soll dein Text unter-
halten, informieren,
erzählen, erklären,
beschreiben …?

❸ Sammle Informationen.
● Kinderbücher, Kinderzeitschriften, Internet,
Lexika …

❹ Finde eine passende Überschrift. → Seite 112
Sie   … ist kurz.   … macht neugierig.
*   … hat keinen Punkt. … passt zum Text.*

Schreiben Texte planen und schreiben

Die Textekartei

Unterwegs zu guten Texten!

5 Beginne mit einem passenden Anfang.

→ Seite 34, 85

6 Schreibe vollständige Sätze.

In Sachtexten sind die Sätze kurz und genau.

Geschichten werden durch Sätze mit treffenden Wörtern, Fragen, Ausrufen und Spannungswörtern lebendig.

- Schreibe Satzanfänge immer groß. → Seite 10, 27
- Denke an den Punkt. → Seite 21

7 Achte auf die richtige Reihenfolge. → Seite 34, 69

8 Verwende unterschiedliche, passende Satzanfänge. → Seite 34, 85

Zuerst	Nachher	Nach einigen Minuten
Darauf	Danach	Auf einmal
Anschließend	Später	Doch
Nun	Bald	Aber
Jetzt	Zum Schluss	Zum Glück
Vorher	Plötzlich	Endlich …

Sätze umstellen: → Seite 41

Die Katze Lilli schnurrt laut auf dem Sofa.
Laut schnurrt Katze Lilli auf dem Sofa.

9 Verwende Fragesätze und Ausrufe. → Seite 27, 48

Was ist hier los? Was soll ich nur tun?
Oh je! Toll! So ein Glück! Hilfe!

10 Verwende **treffende Verben**. → Seite 56, 104, 105

gehen: spazieren, wandern, stampfen, bummeln, schleichen, trödeln, stolpern, eilen, laufen, rasen, stürmen, sausen, flitzen, drängeln, hüpfen, springen, humpeln, balancieren, rennen …

sagen: fragen, rufen, schreien, entgegnen, antworten, meinen, überlegen, mahnen, erklären, informieren, brüllen, schimpfen, jammern, murmeln, seufzen, jubeln, flüstern, wispern, warnen, tuscheln, befehlen, weinen, nennen …

11 Verwende **Adjektive**. → Seite 92, 95

dunkel – hell, arm – reich, groß – klein, dick – dünn, alt – jung, lang – kurz, hoch – tief, laut – leise, langsam – schnell, gut – böse, leicht – schwer, warm – kalt, krank – gesund, hart – weich, eng – weit, gerade – krumm, eckig – rund, dumm – klug … gelb, orange, rot, lila, blau, türkis, grün, schwarz, weiß, braun …

12 Verwende **Spannungswörter**. → Seite 85, 95

da, plötzlich, oh je, auf einmal, heimlich, hurra, da, ach, oh Schreck, juhu …

13 Verwende **abschließende Sätze** am Ende deiner Geschichte. → Seite 63

Geschichtenkreis S. 41, 78

- Lies deinen Text in der Gruppe vor.
- Die anderen Kinder hören gut zu.
- Sprecht über den Text:
  Mir hat gut gefallen …
  Ich habe nicht verstanden …
  Das solltest du ändern …

Randbemerkungen  S. 90

Klebe die Kopie der Geschichte in die Mitte eines deutlich größeren Blattes. Lest die Geschichte in der Gruppe. Jedes Kind darf zu Textstellen Striche ziehen und am Rand einen passenden Tipp schreiben. Diese Zeichen helfen dir:

> ⋎ Hier fehlt etwas.
> ☺ Das ist gut!
> ? Das versteh ich nicht.
> W Wiederholung! Suche ein anderes Wort.

Textwanderung S. 24

Jedes Kind legt seinen Text und ein leeres Blatt Papier auf den Tisch. Nun wandert leise von Tisch zu Tisch. Lest jeweils einen Text und schreibt eure Anmerkungen dazu auf das leere Blatt. Die Seiten 124 bis 127 helfen dabei.

Lupenblick S. 100

Wähle aus der Textekartei einen Tipp aus.
Überprüfe mit diesem den ganzen Text.

Beispiel: Unterschiedliche Satzanfänge
Schreibe alle Satzanfänge untereinander auf.
Überprüfe: Welche müssen sich ändern?

Gib den Text danach einem anderen Kind. Dieses überprüft
mit einem anderen Lupenblick – z.B. andere Wörter für „sagen".

Computer

Wenn du deinen Text am Computer schreibst, hilft dir
das Rechtschreibprogramm, den Text zu überarbeiten.

Begriff	Mein Merksatz	Beispiele
Nomen **Nomentest:** ✋ MZ	Merk dir bloß: Nomen schreibt man groß! Nomen können in der Einzahl und in der Mehrzahl stehen. Was ich anfassen und malen kann, fängt mit einem Großbuchstaben an. Ein Nomen ich ganz leicht erkenne, wenn ich dazu die Mehrzahl nenne.	Buch, Tasche, Schere, Maus der Hase – die Hasen
Zusammen-gesetzte Nomen	Ich höre zwei Wörter, kann ein Ding nur sehen, drum schreibe ich ein Wort, in dem beide stehen.	der Blumentopf: die Blumen, der Topf
Artikel **Nomentest:** ddd	Artikel begleiten Nomen. In der Einzahl haben Nomen die Artikel: der, die, das, ein, eine.	der Hund, die Maus, das Pferd, ein Hase, eine Ente
Verben **Verbtest:** ich	Verben haben eine Grundform. Die Wortart Verb sagt uns nun, was wir machen oder tun.	laufen, lesen, schreiben … ich laufe, du läufst, er, sie, es läuft, wir laufen
Adjektiv **Adjektiv-test:** Wie?	Wie ist …? Wie sind …? so muss ich fragen und kann das Adjektiv dir sagen.	der liebe Hasan, das schnelle Pferd, die rote Blume
Abc	Das Abc hat 26 Buchstaben: 21 Konsonanten und die 5 Vokale: a, e, i, o, u.	A, B, C, D, E, F, G, H, I, J, K, … R, S, T, U, V, W, X, Y, Z
Umlaute **Zwielaute** **Silbe**	Das sind Umlaute: ä, ö, ü. Das sind Zwielaute: au, ei, eu, äu. Jede Silbe hat genau einen Silbenkern: a, e, i, o, u, ä, ö, ü, ie, au, ei, eu, äu.	Bär, Löwe, Tüte Haus, Eis, neu, Mäuse Ra-be, lau-fen
Absatz/Zeile **Spalte**	Ein Absatz beginnt immer mit einer neuen Zeile. Tabellen haben Spalten.	
Überschrift	Geschichten haben eine Überschrift. Sie ist kurz, macht neugierig, hat keinen Punkt und passt zum Inhalt.	Eine Maus
Satz **Aussagesatz** **Fragesatz** **Ausruf** **Satzzeichen**	Auf die Plätze, fertig, los – Satzanfänge schreibt man groß! Nach einem Aussagesatz steht ein Punkt. Nach einem Fragesatz folgt ein Fragezeichen. Nach einem Ausruf steht ein Ausrufezeichen. Punkt, Fragezeichen und Ausrufezeichen sind Satzzeichen.	Marcel schreibt einen Brief. Wie heißt du? Achtung, ein Auto!
Wortbaustein	Wörter bestehen aus Wortbausteinen. Die Wortbausteine un-, ver- und vor- können die Bedeutung der Wörter ändern.	Brud er , Gab el Glück – Unglück, verschreiben – vorschreiben
Wortstamm	Ich schneide vom Verb die Endung ab, damit ich gleich den Wortstamm hab.	wir turnen, du spielst sie schreibt

Grundwortschatz für die Jahrgangsstufen 1 und 2

einschließlich der Häufigkeitswörter

Der zusätzlich angebotene Wortschatz ist mit * gekennzeichnet.

aber

alle

alles*

als

also

die **Ameise**,
die Ameisen

antworten –
er antwortet

der **Apfel**,
die Äpfel

der **April***

arbeiten –
er arbeitet

der **Ast***,
die Äste

auf

die **Aufgabe**,
die Aufgaben

das **Auge**,
die Augen

der **August***

aus

das **Auto**,
die Autos

das **Baby**,
die Babys

backen –
er backt

baden –
er badet

die **Bank**,
die Bänke

der **Bauch**,
die Bäuche

der **Baum**,
die Bäume

bei

die **Biene**,
die Bienen

das **Bild**,
die Bilder

die **Birne**,
die Birnen

blau

bleiben –
er bleibt

die **Blume**,
die Blumen

die **Blüte**,
die Blüten

böse

die **Braut***,
die Bräute

brauchen –
er braucht

braun

bringen –
er bringt

das **Brot**,
die Brote

der **Bruder**,
die Brüder

der **Bub**,
die Buben

das **Buch**,
die Bücher

bunt

der **Cent**,
die Cents
(aber: 3 Cent)

der **Clown**,
die Clowns

der **Computer**,
die Computer

D

da

danken –
er dankt

das

davor*

denken –
er denkt

der

des

der **Dezember***

dich

dick

die

der **Dienstag***,
die Dienstage

dir

doch

der **Donnerstag***,
die Donners-
tage

die **Dose**,
die Dosen

du

dunkel

durch

dürfen,
er darf

das **Ei**, die Eier

das **Eis**

das **Ende**,
die Enden

eng

die **Ente**,
die Enten

er

es

der **Esel**,
die Esel

euer*

der **Euro**,
die Euros
(aber: 10 Euro)

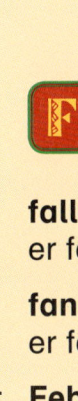

fallen* –
er fällt

fangen* –
er fängt

der **Februar***

die **Feder,**
die Federn

fein

das **Fenster,**
die Fenster

finden –
er findet

fliegen* –
er fliegt

fragen –
er fragt

die **Frau,**
die Frauen

der **Freitag***
die Freitage

die **Freude*,**
die Freuden

freuen* –
er freut sich

der **Freund,**
die Freunde

die **Freundin*,**
die
Freundinnen

frisch

die **Frucht*,**
die Früchte

der **Frühling**

füllen* –
er füllt

der **Füller,**
die Füller

für

der **Fuß,**
die Füße

die **Gabel,**
die Gabeln

der **Garten,**
die Gärten

geben –
er gibt

gehen –
er geht

der **Geist***
die Geister

gelb

das **Gemüse,**
die Gemüse

gesund

das **Gras,**
die Gräser

groß

grün

der **Gruß*,**
die Grüße

grüßen* –
er grüßt

gut

haben –
er hat

der **Hai,** die Haie

halten* –
er hält

die **Hand*,**
die Hände

hart*

der **Hase,**
die Hasen

das **Haus,**
die Häuser

die **Hecke*,**
die Hecken

her

heute*

die **Hexe,**
die Hexen

der **Himmel,**
die Himmel

hinter

hoch

holen –
er holt

hören –
er hört

die **Hose,**
die Hosen

der **Hund,**
die Hunde

der **Hut*,**
die Hüte

ich

im

in

das **Internet***

ist

ja

das **Jahr,**
die Jahre

der **Januar***

der **Juli***

der **Junge,**
die Jungen

der **Juni***

der **Kaiser,**
die Kaiser

kalt*

die **Katze,**
die Katzen

das **Kind,**
die Kinder

die **Kiste,**
die Kisten

die **Klasse,**
die Klassen

das **Kleid,**
die Kleider

klein

können –
er kann

der **Kopf,**
die Köpfe

krank

das **Kraut*,**
die Kräuter

laufen –
er läuft

laut

leben –
er lebt

legen –
er legt

leicht

leise

lernen –
er lernt

die **Leute**

lieb*

lieben –
er liebt

liegen –
er liegt

der **Löwe**,
die Löwen

M

machen –
er macht

das **Mädchen**,
die Mädchen

der **Mai**

malen –
er malt

der **März***

die **Maus**,
die Mäuse

mehr*

die **Minute***,
die Minuten

mit

der **Mittwoch***

der **Monat***,
die Monate

der **Montag***
die Montage

müssen –
er muss

die **Mutter**,
die Mütter

N

nach

die **Nacht***,
die Nächte

die **Nadel**,
die Nadeln

der **Name**,
die Namen

der **Nebel**,
die Nebel

nein

neu

nicht

der **November***

nun

O

oder

der **Oktober***

die **Oma**,
die Omas

der **Onkel**,
die Onkel

der **Opa**,
die Opas

P

der **Partner**,
die Partner

pfeifen* –
er pfeift

das **Pferd**,
die Pferde

die **Pflanze**,
die Pflanzen

der **Pinsel**,
die Pinsel

das **Pony***,
die Ponys

das **Popcorn***

QU

das **Quadrat**,
die Quadrate

der **Quatsch**

die **Quelle**,
die Quellen

R

der **Rabe**,
die Raben

raten* –
er rät

die **Raupe**,
die Raupen

rechnen –
er rechnet

reden –
er redet

der **Regen**,
die Regen

reisen –
er reist

der **Ring**,
die Ringe

rollen –
er rollt

rot

rufen – er ruft

S

der **Saft***,
die Säfte

sagen –
er sagt

das **Salz**,
die Salze

der **Samstag***,
die Samstage

der **Satz**,
die Sätze

das **Schaf**,
die Schafe

schauen* –
er schaut

scheinen –
er scheint

die **Schere**,
die Scheren

schlafen,
er schläft

die **Schnecke*** –
die Schnecken

schneiden,
er schneidet

schon

schön

schreiben,
er schreibt

die **Schule**,
die Schulen

schwarz

die **Schwester**,
die
Schwestern

die **Seife**,
die Seifen

sein, er ist,
wir sind

die **Sekunde***,
die Sekunden

der **September***

sie

sieben

singen –
er singt

sitzen –
er sitzt

so

sollen, er soll

der **Sommer**,
die Sommer

die **Sonne**,
die Sonnen

der **Sonntag***,
die Sonntage

sparen –
er spart

spielen –
er spielt

spitz*

die **Spitze**,
die Spitzen

der **Sport**

sprechen –
er spricht

der **Stein**,
die Steine

der **Stern**, die
Sterne

die **Stunde**,
die Stunden

suchen –
er sucht

der **Tag**,
die Tage

die **Tante**,
die Tanten

die **Tasche**,
die Taschen

das **Telefon**,
die Telefone

der **Tisch**,
die Tische

die **Tomate**,
die Tomaten

trinken –
er trinkt

tun –
er tut

turnen –
er turnt

üben – er übt

über

die **Uhr**,
die Uhren

um

und

der **Vampir***,
die Vampire

die **Vase**,
die Vasen

der **Vater**,
die Väter

viel

der **Vogel**,
die Vögel

vom*

von*

vor

vorher*

die **Waffel***,
die Waffeln

warm*

warten –
er wartet

was

waschen* –

er wäscht

das **Wasser**,
die Wasser

der **Weg**,
die Wege

weil

weit

weiter

wer

das **Wetter***,
die Wetter

die **Wiese**,
die Wiesen

wild*

der **Wind**,
die Winde

winken* –
er winkt

der **Winter**,
die Winter

wir

wo

die **Woche**,
die Wochen

der **Wolf**,
die Wölfe

die **Wolke**,
die Wolken

wollen –
er will

das **Wort**,
die Worte

wünschen –
er wünscht

die **Wurzel**,
die Wurzeln

die **Zahl**,
die Zahlen

zahlen –
er zahlt

zählen –
er zählt

der **Zahn**,
die Zähne

zeigen –
er zeigt

die **Zeit**,
die Zeiten

das **Zelt** –
die Zelte

die **Ziege**,
die Ziegen

zwei

Inhaltsverzeichnis

RS = Richtig schreiben   S = Schreiben   SU = Sprache untersuchen   Sp = Sprechen   W = Wiederholung

Inhaltsverzeichnis